映像研には手を出すな!

手を出した人
専用
オフィシャルブック

KEEP YOUR HANDS OFF EIZOUKEN!

INTRODUCTION

『映像研には手を出すな！』に手を出してしまった貴方へ。

2020年。1月にはアニメ、4月にはドラマ、
そしてなんと9月の映画公開の前に、
待ちきれずこの本にまで手を出してしまった、
そこの貴方のことです。
これだけ「手を出すな」と言われても、
出しちゃってる天邪鬼な貴方のことですから、
きっと製作の裏側とか、キャストの裏話とか、
裏の裏の裏まで味わい尽くしたいタイプの
欲張りさんなのでしょうね。
でも、分かります。
令和最強のキャスト・スタッフ・クリエイターたちによる
最高のエンターテインメント。
そして、これからより加速してゆく「映像研」の世界を、
いま見ずして、いつ見るのか！
さて、何はともあれ、じっくりと、ご賞味あれ。

INDEX

垂直姿勢でないと
揚力を失って墜落する
…には
…出すな!
衝突防止…
搭載された…
サハ
扇風…
連結部
高速化の
推進プロペラ
導入が見送された
検討
もしかしたら、架空単軌条装甲列車もあるかもしれない!!
レールの
支柱ユニット
電車
レール
…ング、ドラッギング
…ングの運動をする
…クチュエータ(人工筋肉)
給油口
ショルダーベルト
うさぎ
マフラー

PHOTOGRAPHER TOMOKI QWAJIMA
STYLIST YUDAI ICHINOSAWA (TEN10)
HAIR &MAKE NAOKO TAMURA / ARISA SATO / MIZUKI MASUDA (GiGGLE)

映像研
手を
すばらしい
かんきょう
ジェクター
スクリーン
照明
のみもの
ゴミばこ
トイレ
うけつけ
新たな文明と文化
ブレード
貨物用の
船を曳航
できる
浜谷に住む人々の
重要な移動手段
ウィンカー
風を受けて回転する笠
羽は御札で、笠の内側にはお経が
書かれており、回転する事でご利益が

トップス ¥26,000、イヤリング ¥24,000(共にKLOSET/H3O ファッションビューロー)/シースルートップス ¥12,000(tsuyoshi yao tokyo/PR01)/ヴィンテージのスカート ¥13,000(tahlia store)/ブレスレット、リング 参考商品(共にFLYNK/ワールドスタイリング)/その他スタイリスト私物

シャツ ￥39,000、イヤリング ￥22,000(共にKLOSET/H3O ファッションビュロー)/ネックレス ￥48,000(PACHAREE/H3O ファッションビュロー)/ドレス ￥37,000(HOUGA)/その他スタイリスト私物

KEEP OUT
KEEP OUT

ASUKA SAITO

MIDORI ASAKUSA

齋藤飛鳥
浅草みどり

PHOTOGRAPHER TOMOKI QWAJIMA
STYLIST SAMU KASHIWAGI
HAIR &MAKE NAOKO TAMURA(GiGGLE)
TEXT SHINNOSUKE OONUKI

イヤリング ¥12,100(Uiqut)、
タイダイワンピース、靴(全てスタイリスト私物)

レーストップス ¥19,800(MURRAL/KOH'S LICK CURRO)/イヤリング ¥13,200(Uiqut)/ビスチェ、スカート(スタイリスト私物)

ワンピース（全てスタイリスト私物）

Q&A

もっと知りたい、
撮影現場でのあんなことやこんなこと。
コッソリ教えてください！

浅草氏に聞いた！

齋藤飛鳥（浅草みどり）

ASUKA SAITO
MIDORI ASAKUSA

Q1 映画の中で個人的に
一番頑張ったのはどのシーン？

毎日毎日、必死で
浅草氏になっていたので、
どのシーンとか無いです。
全員、全シーン、超全力でした。

Q2 劇中で好きなセリフは？

わしはついて行くけど
きみは少し楽になるから、
共生関係だ。

Q3 ご自分以外の2名のメンバーの、
撮影中の様子を教えてください。

山下

ラストあたりのシーン、
私のお芝居を受けて
泣いてくれたのは
結構うれしかったです

梅澤

しっかり者の
ツラしてるけど、
本当は抜けてて面白い。

Q4 今だから言える裏話、
教えてください

ラストの、文化祭での発表のシーン、
最前列に オオワラさん、チヨダさんがエキストラとして参加。
最初は座っているだけでしたが
徐々に声をだしお芝居してくださっていました。

Q5 自分は役柄に似ていると
思いますか？

全く似ていないと思っていましたが
案外、共感できる部分が多かったです。

Q6 映画の中でのご自分は、ハッキリ言って何点ですか？

観た方につけて頂こうかなと思いましたが、
低く出されたらそれはそれで嫌なので、
観た方が甘めに高く点数を
つけてくださったらいいなと思いました。

Q7 「映像研」を漢字一文字で例えると？

得

・映像研の現場で得たものが多い。
・映像研の現場山下と梅澤との関係性が深まり、エピソードトークなど、他の現場でも使えるという得。
・浅草氏の時は、子どもみたいなので周りにかわいがられるという得。

Q8 自分が芝浜高校に入学するとすれば、何部に入りますか？

音響部です。
音が好きなので。

Q9 共に撮影を乗り切ったお二人に、それぞれ一言！

山、梅、
北関東での私の子どもっぷりは
一生胸に留めておくように。
ありがとうでした！

Q10 これから映画を観る方々にコメントをお願いします！

スピード感といい情報量の多さといい、
この映画を観ると疲れると思います。
疲れたら、乃木坂46のかわいい人たちに
癒されると良いと思うので、
全員映画を観たらいいのにという感じです。

山と梅は「戦友」という感覚。

―映画『映像研には手を出すな！』の試写が終わって三人で目を合わせたそうですが。

齋藤　ありました。ありました。梅（梅澤美波）と山（山下美月）が同じ列で席を空けて座って、その後ろに私が座っていたんですけど、上映が終わった瞬間に二人が振り向いてくれて、目を合わせて「がんばったね」みたいな空気になったんです。ちょっといい時間でした（笑）。

―ご自身の演技にも満足できました？

齋藤　それはまた別の話で（笑）。自分の芝居がどうこうじゃなくて、作品自体が面白かったんです。

―最初は『映像研』の実写化に不安もあったんですよね。

齋藤　浅草みどりは自分とかけ離れている役にしか思えなかったし、漫画原作でCGをふんだんに使う作品でアイドルが主演となると、不満に思う方もいるんじゃないか。さらに言えば、私は演技の経験が豊富というわけではないので、そんな粗いお芝居でいいんだろうか。そんなことに悩んでました。

―プロデュースした東宝の上野さんは舞台『あさひなぐ』（17年5～6月）で主役を演じた齋藤さんを見てオファーしたそうですが。

齋藤　そうなんですか!?　知らなかったです。ドキュメンタリー映画でも乃木坂46に関わりがある上野さんが『映像研』の実写化に熱量を持っていると人づてにお聞きして、そんなに熱くなってくれているなら断れないなと（笑）。それでも最初は心配のほうが大きかったです。

―どのあたりで意識は変わりました？

齋藤　本読みの時も「本当にこれでいいの？」という感じだったし、ショートカットにするためのウィッグも「もっといいのがあるんじゃないか」と難航して。「やるぞ！」となったのはクランクインしてからですね。

―いいウィッグもできて。

齋藤　素敵なウィッグを作っていただきました（笑）。

―なるほど（笑）。齋藤さんは台本を持たずに撮影に臨んでいたようですが。

齋藤　確かに1度も持ってなかったですね。

―他の作品でもそうしてました？

齋藤　いや、持って行ってました。『映像研』は知らない単語や難しいセリフが多くて心配だったけど、なぜかいける気がしたんです。実際、現場で「なんだっけ？」ということはなかったと思います。

―知らない単語は事前に調べたんですよね。

齋藤　最初はわからない単語をノートに書き出して、その意味を調べて横にメモしていたんです。だけど、わからない単語があまりに多くて追いつかなくなったので、意味を調べて頭の中に入れるだけになりました。

―セリフの言い回しは落語家を研究したとか。

齋藤　はい。役作りの参考として、落語や講談の映像を検索して出てきたものから順々に観ていきました。もともと松之丞時代から講談師の神田伯山さんのことが好きで、落語や講談に興味があったので、映像がスッと頭に入ったんじゃないかと思います。任侠映画も何本か観ました。演じるうえで自分の中にない要素を出す作業が多かったので、参考になる指標がほしかったんです。

―齋藤さんの背中がどんどん小さくなって最後は「浅草」にしか見えなくなっていたと現場では話題だったとか。

齋藤　撮影しながら段々と猫背になって、浅草感は増していったと思います。最後のほうで、英監督から「絶対に背が縮んだよね」と何度か言われました（笑）。

―しっかり役作りをして、後輩の二人に背中を見せようと。

齋藤　いやいや、そんな想いはまったくないです（笑）。「自分が恥をかかないように」と、「作品の質を落とさないためにやることはやろう」と思っただけです。

―齋藤さんが思う浅草みどりの魅力を教えてください。

齋藤　子どもでもあって、大人でもあるところが好きです。基本的には子どもっぽい考え方をしているのに、ロボ研に対しては冷静に指摘して。そうかと思えば、自分の作ったアニメに対して「これじゃあ叩かれてしまう」と心配するような臆病な部分もあるじゃないですか。

――浅草のクリエイティブに対するこだわりには共感できますか？

齋藤　私自身、いままでこだわりはまったくなかったんです。13歳で乃木坂46に入ったので、どちらかというと指示をもらいたいタイプというか。こだわりを持つことによって、その指示が濁ってしまうのはよくないと思っていたんです。でも、『映像研』では役作りにこだわりを持ったし、山と梅との関係性を作るうえで現場での自分のあり方にもこだわりがあって。それが結果的に上手くいったので、こだわりを持つことの良さを知りました。

――浅草は自分を作ってしゃべることもありますよね。

齋藤　浅草は接する人によって態度が変わるじゃないですか。知らない人には挙動不審な態度だけど、金森や水崎の前だと違うし、大・生徒会の前では啖呵を切ることもあって。いろんな顔があるじゃないですか。私はそういう人が好きなんです。全員に同じ態度で接する人がどこか怖いと感じることもあるくらい。浅草のことが素敵だなと思ったし、自分もそういう人になりたいんです。

――浅草は金森や水崎と一緒にいることで人間的な変化を見せますが、齋藤さんも乃木坂46にいることで人間らしくなっていますよね。

齋藤　そこは自分と重なる部分なのかもしれません。ただ、浅草がうらやましいのは、金森や水崎みたいな関係の人が高校生のうちにできたこと。私は最近のことなので（笑）。

――アイドルとしては難しいところですよね。ファンは齋藤さんが変わっていく過程を見ていたいけど、完全に人間らしくなったら「寂しい」と感じる人もいるかもしれないので。

齋藤　そうなると思います。だから、浅草みたいにまた違う齋藤飛鳥を作っていく（笑）。この悪循環を生んだ責任は自分なので、表舞台にいるうちはずっとこうしていなきゃいけないと思ってます。

――完成した作品を観たうえでの見どころを教えてください。

齋藤　浅草が自分の作品に自信がなくなるシーンは、英監督から「泣いてほしい」と言われたわけではないのに、共感するものがあって感極まって涙が出そうになりました。自分が世の中に出したものに対して自信がなくなってしまう瞬間って私にもよくあるし、それを説得する金森のセリフにも、共感してくれる水崎のセリフにもグッときたんです。

――山下さんと梅澤さんの演技に刺激を受けることはありましたか？

齋藤　山は映像でいえば私よりも経験があるので、現場の空気になれていたし、スタッフの方と上手くコミュニケーションをとっていて。そこは先輩後輩関係なく、共演者として「すごいな」と感じました。梅は真面目な人だからしっかり準備をしてきて、クランクインの時には金森になりきっていたんです。「このセリフはこういう動きをしよう」と自分なりに考えて動けるところは尊敬できるなと思いました。

――梅澤さんと山下さんとは、『映像研』の前はあまり接点がなかったそうですが、撮影中に関係性が変わるきっかけがあったのでしょうか？

齋藤　『映像研』の前は二人にとって私は絡みづらいというか、怖い先輩だと思われていたはず（笑）。でも、そのままの関係性で進んでしまうと、作品の中での関係性も作れなくなってしまうので「どうにかしなきゃ」と思って。現場では常に〝浅草氏〟のスイッチを入れるようにして、普段よりも子どもっぽさを出していました。休憩中もしゃべるようにしたし、浅草の格好をしていたから二人も絡みやすかったはず。それから仲が深まって、関係性も変わったのかなと思います。

――意識して行動していたんですね。

齋藤　乃木坂46ではそれをやらない分、『映像研』の撮影期間はやらなきゃと思ったんです。おかげで二人からなめられました（笑）。

――その関係性がいま乃木坂46での活動にも活きてますよね。

齋藤　そうですね。いままではプライベートでメンバーと関わることが少なかったし、楽屋でもひとりでいることが多かったので、エピソードトークをする時にメンバーを絡めた話ができなくて。でも、いまなら山と梅のことをしゃべることができます。

――山下さんと梅澤さんとの関係を言葉にすると……

齋藤　乃木坂46のメンバーは一概に「友達」というのとは違うと思っているんですけど、山と梅には『映像研』の決して快適とは言えない環境で撮影して、同じしんどさを分かち合ったので、「戦友」という感覚はありますね。

――『映像研』の撮影を通して「女優・齋藤飛鳥」に変化はありましたか？

齋藤　それまではどうしてもお芝居に苦手意識が拭えなくて、「女優は目指す道じゃないな」と思っていたんです。だけど、『映像研』は自分と離れた役を演じることが楽しくて、上手に演じるコツも覚えたので、今後に活きてくるんじゃないかと思います……。ただ、3か月間ジーッと見てきて、「照明さんや音声さんもいいな」と思いはじめている自分がいます（笑）。

映画監督
英 勉
TSUTOMU HANABUSA

——英監督は映画化の話をいただく前から『映像研には手を出すな！』の原作を読んでいたそうですね。どういうところが魅力的だと思いましたか？

英　漫画として単純に面白いし、情報量の多さが今までにない感じで、読むのにもパワーが必要な感じも面白くて。でも、読みながら心のどこかで「これはあまり実写化に向いていない作品ですね」とも感じていました（笑）。

——ところが、東宝の上野さんから映画＆ドラマ化のオファーを受ける。漫画の中でアニメを作る作品を、さらに実写化するという構造的にも何層にも重なっている、企画としては相当面白いものではありますが？

英　そもそもは部活モノのはずなんですけど、もっとややこしい構造になっていて。しかも、出来上がるものがアニメであるということ、彼女たちが作ったアニメを見せなくちゃいけないことなどが、実写作品としては非常にハードルが高いだろうなと思っていたんですよ。

——物語と同時に、そこも必ず気になりますものね。

英　そうなんです。上野さんと話していたときに「完成したアニメがすごいから感動」というものでもないんじゃないかという気がして、達成感の持って行きどころがすごく難しかったですね。アニメとなると、湯浅（政明）監督がアニメを作っていらっしゃることも知っていたので、そこと真っ向勝負をしてもダメですし。実写化としての存在理由をどう持つか、みんなが見たことのない『映像研』、実写の『映像研』をどう見せるか、それは台本を作りながら延々と悩みました。

——しかも映像研の主要メンバー三人を乃木坂46のメンバーが演じる。

英　『あさひなぐ』のときもそうだったんですけど、上野さんからは「アイドル映画を作るのではなく映画を作ってください。彼女たち三人に出てもらいますけど、今回はこちら側にもっと引きずり込んでほしい」という話がありました。『映像研』という世界の実写化、映画やドラマの中に彼女たちを引きずり込む。そういうスタンスを決めていました。

——英監督は『あさひなぐ』などで乃木坂46のメンバーとご一緒していますが、今回の三人はどんな印象でしたか？

英　以前にも乃木坂46さんとはご一緒していますけど、撮影が終わると一回全部忘れるようにしているんです。なので、「この三人はどういう人？」というところから入りました。皆さん、最初は「本当にこの原作を実写化できるんだろうか？」と不安だったんじゃないかな。あと、「私たち何させられるんだろう？」とか「何ができるんだろう？」とか思っていたんじゃないですかね。だから、最初はたくさん話しましたよ。齋藤さんには「あなたはこういう役で、こういうことをやってもらって」、山下さんには「ツバメちゃんはこうだよ」みたいに。でも、素直に聞いてくれるんですけど不安のほうが勝っているのか、最初の1、2回は完全に暖簾に腕押しでした（笑）。それは『あさひなぐ』のときも似ていて、あるタイミングに彼女たちが腹を括るんですよ。そのあとの彼女たちってすごい

PROFILE

はなぶさ・つとむ。映画監督。東北新社に入社後、テレビドラマやCM演出を経て、2008年公開『ハンサム★スーツ』で監督デビュー。2017年『あさひなぐ』に続き、乃木坂46との再コラボとなった。

取材・文／西廣智一

プロフェッショナルなんですね。セリフを覚えてこないなんてことはまずないし、齋藤さんなんてあの膨大なセリフを全部入れてきましたし、本当にプロなんですよ。

――今回はどのタイミングに「腹を括った」と感じましたか？

英　本人的にあまり言ってほしくない気がするんですけど、齋藤さんが一度「何が作りたいのか一度指示してください。私はそれを叶えるので」と言ったことがあって。なので本読みのときに、僕や長野（晋也）くんが一行ごとに「ここの言い回しはこう、どういう声で喋ってほしい、どう動いてほしい」と指示をして、それを齋藤さんが何度も繰り返す。ドラマ全話と映画、ひととおりやったと思います。で、彼女は全部覚えて、撮影のときに完成させて持ってくるんですよ。あんなの初めての経験でしたね。男前すぎますよ。

――一方で、山下さんや梅澤さんにはどんな印象を持ちましたか？

英　僕は二人が齋藤さんの後輩だとは知らなかったんですが、すごい覚悟して撮影に臨んだんじゃないですかね。乃木坂46では仲間であり同志であるけど、映画の中では先輩後輩は関係ない対等な立場。緩くやっていたら許されないと思っていたんじゃないでしょうか。なので、芝居に関しては不安は感じなかったですね。距離感も上手でしたよ。プロとして仕事をきちんとしようというスタンスの齋藤さんに対して、そこで足を引っ張らないとか、負けないスタンスで現場に臨むという感じはきちんとありました。山下さんは本当にセンスがあるので、感覚的なツバメちゃんをちゃんと演じきって、僕も気づかないうちにツバメとして一本つながっている。本当によくやってくれたなと思いますね。梅澤さんは映像はほぼ初めてと聞きましたが、それにビクついている感じはなかったですよ。迷いがないし、やるんだったらここまでやってやろうというアイデアも持ってきていたし。でも、金森のくせに抜群に可愛く見えたりするときがあるんですよね（笑）。あと、二人はいつも「ちゃんとツバメちゃんですか？　金森になってますか？　大丈夫ですか？」と気にしていました。

――英監督が特に印象に残っている瞬間は？

英　撮影が始まって3、4日目ぐらいかな。ドラマ1話のカイリー号の長ゼリフを撮ったんですけど、一言一句間違えずにやるんですよ。その頃には浅草もちょっとずつ自分から動いたり、変な声を出し始めたりしていたんですよね。そこからはあまり大きな指示を出さなくても、ベーシックな浅草を掴んだのかなというのはありますね。ドラマ2話のツバメと金森が浅草を大・生徒会まで引っ張っていく場面では、齋藤さんが浅草っぽい奇声をあげてて（笑）。あの頃から齋藤さんがより猫背に、"ちっちゃく"なっていって、「これはもう完全に浅草になったな」と実感しましたね。

――撮影期間は山下さんや梅澤さん、マネージャーさんたちが齋藤さんに対して小さい子のように接していたとも聞きます。

英　そうなんですか（笑）。大童先生と会ったときに浅草の話になって、「お母さんにはワーギャー言うくせに、法事のときにしか会わないような親戚が来たらお母さんの後ろに隠れるような人見知り感」と教えてくれて。それが齋藤さんの人見知り感と相まって、あの浅草口調が混じり、完全に憑依しちゃったんですかね。一日中演じているわけですから、周りのスタッフにも「いやじゃ」とか「うー」とか浅草口調が伝染るんですよ。彼女が演じているのを見ると、気持ちよくなるみたいです（笑）。

――ほかにも齋藤さんは、涙の演技が印象に残っています。

英　映画の最後のほうですよね。あれ、本当はもっとあとに泣くはずだったんですよ。でも、齋藤さんの集中力がすごくて、その一つ前のシーンからポタポタ涙が流れてきて。ドラマ6話での「てやんでい！」のところも、すごかったですよね。ああいう場面での集中力は、彼女たちは本当にすごいと思います。ツバメの川への飛び込みも二回やってますからね（笑）。最初に飛び込んだとき、山下さんは怖すぎてなんの芝居もできなかったんですよ。ただの罰ゲームみたいな映像になっちゃって、スカートも抑えず（笑）。真冬でしたけど、一回シャワーを浴びて、髪の毛を作り直して、もう一回飛び込んでもらいました。「えーっ、死んじゃう！」と冗談ぽく言ってましたけど（笑）、ちゃんとやり遂げるあたりプロフェッショナルですね。

――三人のバランス感はいかがでしたか？

英　特に齋藤さんがね、僕たちから見ても「そこまでやるか！」ってゾクッとくることをやるので、負けじと二人もそこに乗り遅れず乗っかっていく。そういう場面はドラマのときも映画のときも何度もありました。気持ちのいい乗っけ具合というか、つばぜり合いというか。例えば浅草が何か言う、金森が叩く、ツバメがビビる、百目鬼がとぼける、みたいなことじゃないですか。そのときに、じゃあ浅草のとぼけっぷりを助長させる上で、浅草がもうひとつ乗っけると、金森が意味もなくツバメを叩くことになり、ツバメを叩いちゃうと百目鬼も叩かれちゃうとか。そういうふうにひとつやることに、いい方向にどんどん乗っかっていく、そのバランスはすごかったですよね。それはいろんな人がいろんなふうに順番に仕掛けていくので、面白かったですよ。

――実はこの撮影に入るまで、齋藤さんは山下さんや梅澤さんとはそこまで接点がなかったそうなんです。

英　そうなんですか？　だから、そこに僕は興味を持たないようにしているんですよ。それがあると、いろいろ考えちゃうじゃないですか（笑）。僕の中では目の前に見えている浅草と金森とツバメが良かったらそれでいいわけなので。確かに最初、台本に「浅草を叩く」と書いてあったとき、梅澤さんは齋藤さんを叩くことを躊躇していました。すると、齋藤さんが「加減するほうが痛いんだよ？」と。「加減してもう一度やられるより、痛いの一回のほうがいい」とか言ってました（笑）。撮影は一見普通に見えましたが、実際は先輩後輩感があったのかもしれない。だけど、先輩がしっかりプロとしてのスタンスを見せる。それはグループとか関係なく、座長としてしっかりするとそれだけ周りもついてくるので、スタッフや役者含め齋藤飛鳥という座長にびっくりした人は相当いると思いますよ。実際、それは言葉としても聞きましたし。そう言ってもらえるだけの内容になったんじゃないかと思うので、彼女たちのその凄みをぜひスクリーンで観てもらいたいですね。

CREATER'S VOICE PLANNING & PRODUCE

企画プロデューサー

上野 裕平

YUHEI UENO

——この『映像研』実写化プロジェクトは、どのような経緯で立ち上がったんでしょうか?

上野　映画『あさひなぐ』で乃木坂46さんとご一緒して、またお仕事したいと思ったのがきっかけです。自分としても『あさひなぐ』の経験をベースに、新たなチャレンジをしたいという思いもありました。その中で、まず、齋藤飛鳥さんでやりたいと思いまして、そこを起点にして漫画や小説を中心に膨大な数の原作をあたりました。その中で、『映像研』はほぼ一番最初に手を出していたんです。それで「あ、これいいな」という感覚があって、それをずっと持ちながら、他の原作もあたっていたのですが、結局『映像研』がずっと心に残り続けていました。それだったらもうこれしかないんじゃないかと思って、そこから小学館さんにお話をしにいった感じですね。

——なぜ齋藤さんだったんでしょう?

上野　『あさひなぐ』は舞台化もしていて、そこで齋藤さんが主演の東島旭役を演じていて知っていました。そのときからこれもずっと心に引っ掛かっていたんですね。もう一度乃木坂46さんと映画をやるときは、齋藤さんを主演でというのは、自然にそういう思いになっていましたが、きっかけとして強いて言えば舞台『あさひなぐ』になると思います。

——山下さんや梅澤さん起用の理由は?

上野　一番は原作に合うかどうかということで考えました。あとは、今回のチャレンジのひとつとして、製作サイドで作ったキャラクター・世界にキャストを引きずり込むというのがあったので、それをやってくれるかどうか、というのをいろいろな人の話を聞いたり、過去の出演作品も見て決めました。ただ、齋藤さんも含めて、この三人は最初のプランからあまり迷いがなかったというか、すんなり決まったという印象でした。

——『映像研』は実写化にあたってかなりハードルが高い作品だったのではと思いますが、そこはいかがでした?

上野　よく言われるんですが、僕はその印象あんまりなくて。この原作で、英監督で、乃木坂46さんで、これは間違いなく面白くなるという気持ちでしたね。今思えば、完全に油断していたんだと思います。『あさひなぐ』で一緒にやっていただいたスタッフさんも大勢参加していただけました。久しぶりに会った英監督は相変わらずめちゃくちゃに面白くて、それで安心してしまったのかもしれません。「英監督と一緒にやれたら面白いものになるだろう」と思っていたので、クリエイティブに関しては英監督頼みになることがとても多かったと思います。英監督に怒られても全く文句言えないです。

——映像化に際して、原作の大童先生ともいろんなやり取りがあったかと思います。

上野　最初は僕が実写側の窓口として大童先生とやり取りしていて、そのあと英監督やプロデューサーたちと一緒に具体的な話をしに行きました。大童先生は基本的に「好きにやってください」というスタンスでいてくれたのと、僕らがやろうとしていることが大童先生にわりとミートしていたんじゃないかと思えたというか、最初のほうから「それだったら全然いいですよ、お任せします」という印象でした。むしろ、僕らが「浅草って家の雰囲気ってどんな感じですかね…?」など、映画を作る上で知りたいことを、大童先生に教えてもらうみたいなやり取りが多かったですね。そのあとも、原作者というよりはこの作品を面白がりなが

PROFILE

うえの・ゆうへい。東宝株式会社・プロデューサー。プロデュース作品として、映画『あさひなぐ』TVアニメ『からかい上手の高木さん』ドラマ『弱虫ペダル』など。乃木坂46関連作品も多数手掛けている。

ら見守ってくれている人という印象でした。すごく感謝していますし、ありがたい存在でしたね。

――大童先生は昔の自分が浅草のイメージらしいんですけど、実際どういう印象でしたか？

上野　「でしょうね」と思いました（笑）。実は、大童先生は昨年夏の乃木坂46さんの神宮球場でのライブをご覧になっていて、大童先生にとって初めてのライブだったと聞きました。その場で「なるべく体験しておきたいんで」ということで、熱心にご覧になっていまして、そのライブの後、全部が終わって外に出た後に大童先生が「ヘター」という感じで地面に座り込んでいたんです。そのときに、完全に浅草だ、と思いました。

――実写化にあたって大童先生が最初に出された「オーケー、君の心を代弁しよう。」などのテキストが、そのまま映画公式サイトのイントロダクションに使用されていますが、原作者も面白がっているし、皆さんもそれを面白がっている感じがしました。

上野　あのコメントが来たときに、「やっぱり大童先生は、いい人だな」と思いました。こちらが言ってほしい言葉をちゃんと発してくれているので「これは素晴らしい」と思いまして、英監督にも「こういうのが来たんですよ」と送ったら、監督も「マジで言ってんのか!!」と合わせてきて。当初、僕はコメントを出す予定がなかったんですが、この二人のコメントに続いて、とある理由でプロデューサーのコメントも欲しいということになったので、僕も書いたんです。それで、せっかくだから映画の〝イントロ〟と呼ばれる部分をそれに合わせて作ろうと思いまして、僕がイントロを書きました。だから、この流れを作ったのは大童先生なんです。そういう意味では、大童先生は宣伝でも原作者なんですよね。初手を大童先生がやってくれて、僕らがそれに乗っかって、それでいろいろなことがものすごくやりやすくなって、とてもありがたかったです。

――撮影に入ってから、乃木坂46のお三方を見ていて「スイッチが入った」と感じる瞬間はありましたか？

上野　僕自身はそう感じる瞬間はわからなかったんですけど、12月ぐらいに、英監督が笑いながら「今日初めて、浅草がアドリブを入れたんですよ」と言ってきたことがありました。齋藤さんは途中で掴んだというよりは、初日の最初から仕上がっていたんですが、出来上がった映像を観ると、撮影後半のほうがより浅草がしみ込んでいる感じがしました。どこかで、アドリブを入れられるぐらいに役を体に染み込ませた瞬間があったのかもしれません。

――以前、齋藤さんにお話を聞いたときに、撮影が3か月と長かったおかげで、じっくり役に集中することができたとおっしゃっていました。

上野　2か月くらい準備して、1か月撮影するというのが、もしかしたら普通なのかもしれません。ただ、僕らのやり方はそうではなかったので、苦労されたと思います。ただ、これは自信を持って言えますが、三人とも撮影初日の時点で仕上がっていました。アイドルとしていろいろなお仕事をして、すごく忙しい中で、それでもこの作品に対して十分な準備をしてくれました。三人はそれを絶対に表には出しませんが、そういう真摯な努力があったので、この過酷な撮影を乗り切れたんだと思います。

――理解力や勘の良さが優れているんでしょうか。

上野　それはかなりあると思います。というか、抜群じゃないでしょうか。アイドルの仕事自体が、適応力やスピード感に優れていることを必要としますし、かつ、現場に完璧な状態で臨んできている。そういう意味で、座長としての齋藤飛鳥の凄みは、役者の皆さんが一番感じていたんじゃないかと思います。主役がこれだけ完璧にやっているんだから、絶対に足を引っ張れないというくらい、彼女の仕上げ方はすごかった。しかも、「家でこれだけやってるんです」みたいなことを絶対に言わないので、それがまた迫力を増すという。

――では、撮影初日以降で上野さんが手応えを感じた瞬間は？

上野　一番感じたのは、月並みですけど11月の終わりにドラマ最終話の最後、浅草の「てやんでい！」のシーン。あの日は撮影が終わったあとに、みんな拍手していました。それぐらい芝居が良かったし、「最終話にこれがあるんだ」というのがわかったので、道しるべができたというか。三人がワイワイふざければふざけるほど、この最終話の芝居が効いてくるんだなというのがわかった感じでしたね。

――上野さんは公式Twitterアカウントの更新もしているので、視聴者やファンからのリアクションも随時感じているかと思います。ドラマ放送以降、特に反響が大きかったのはどのタイミングでしたか？

上野　やっぱり1話じゃないですかね。あれを観て「ここまでやってるのか！」とみんな思ったんじゃないでしょうか。最初は不安な人も多かったと思うんですけど、カイリー号のくだりで浅草と水崎があれだけの長セリフの掛け合いをやっている場面を目の当たりにして、だいぶ味方が増えたと思いました。実際、1話が終わったあとに僕のところにもいろんな人から連絡が来ました。

あと、ドラマが放送されたのが、新型コロナウイルスの影響で日本中が外出自粛を余儀なくされた期間でした。ドラマ映像研は1月に撮影が終わっていたこともあり、ほぼ予定通り放送ができたのですが、そういった状況で、視聴者から「この期間にドラマ映像研があって本当によかった」というお言葉をたくさん頂戴したので、それは本当にうれしかったですね。

――上野さんにとって、劇場版最大の見どころは？

上野　僕としてはおこがましいですが、僕自身も大好きな『トリック』みたいな感じなのかなと思っています。仲間さん・阿部さんがいて、そこに生瀬さんと池鉄さんがいてというような、ある種の面白おかしい関係性が完成している状態から映画は始まるので、三人が最初からフルスロットルで飛ばしています。この三人が人間的に魅力的で、かわいくてかっこよくて、ゲラゲラ笑えてちょっとだけ泣けるというのが『映像研』の魅力だと思うので、それが最初から全開になっているのが見どころです。それに加えて、実は映画キャストは曲者ぞろいになっているんですね。浜辺美波さんも出ていますし、桜田ひよりさんや板垣瑞生さん、赤楚衛二さんも出てきます。純粋に誰もが楽しめるエンターテインメント作品だと、胸を張って言えるんじゃないですかね。

脚本家
高野 水登
MINATO TAKANO

——高野さんは初めて漫画『映像研には手を出すな!』を読んだとき、どんな感想を持ちましたか?

高野　実は英監督から映像化のお話をいただく前に、友人から「たぶんお前はめちゃめちゃ好きだと思う」と原作を薦められていたんですが、しばらく放置していたんです。で、しばらくしてから監督からお話をいただいて、「これは友達が言っていたやつだ」と思って読んだら、案の定ドンピシャで。面白い! 以外の感想が思い浮かばないほど、面白かったです。

——実写化するとなると大変さがいろいろ伴うと思いますが、そのへんはどう思っていましたか?

高野　正直、ちょっと頭がおかしいなと思いましたよ(笑)。僕も漫画原作ものはいろいろやらせていただきましたが、原作を読んだ上でどんな映像になるのかが今までは頭に浮かんでいたんですけど、今回は監督に会って話を聞くまではどういう絵になるのかがまったく想像できなくて。ほぼ無策で打ち合わせに臨んで、監督からイメージを聞いてようやく「それなら面白いものになりそう!」と思えたくらいでしたから。

——その打ち合わせでは、具体的にどういう話があったんですか?

高野　やっぱり情報量というのが魅力のひとつだと。突如見開きで現れる設定だとか、吹き出しのひとつひとつやコマの端っこにまでネタが仕掛けられていたりと、確かに情報量というのは非常にこの原作の魅力で。かつ、アニメ制作も発表されていたので、「アニメ版が原作に忠実ならば、実写版の実写でしかできない別の情報量の増やし方はなんだ?」というところから、「原作の内容をそのままやる、その上でそれと同じくらい別の部活も登場して、しょうもないコントをやる」と言われてなるほどなと(笑)。もうひとつは浅草氏のセリフ、これを膨大なものにすること。それこそ台本1ページまるまるとか、1〜2分まるまる喋り続けているぐらいのイメージで。当初は僕もかなり多めに脚本を書いたつもりが、提出したものを見た監督から「この倍書け!」と言われたんです(笑)。「多かったら切ってもらおう」とくらい思っていたので、まったく逆で驚きました。

——確かに浅草氏のセリフ量は膨大ですし、映像研三人のやりとりもセリフ量が尋常じゃないですものね。

高野　それこそ製本台本にしたときに、普通のあの時間帯にやっているような23分ぐらいのドラマだと多くて35ページ前後なんです。なのに、『映像研』はほぼ全話40ページを超えていましたからね(笑)。

——高野さんは漫画原作の実写作品で脚本を書くとき、どういったところを大切にしていますか?

高野　僕は基本的に漫画が大好きで、"原作厨"と呼ばれる「自分の好きな漫画が映像化されたら文句を言う」タイプで。そんな僕がこういう仕事をするようになって一番大事にしているのは、原作漫画を読んだときと同じ気持ちになれるような作品にすることなんです。例えばセリフを一字一句再現したとしても、漫画とアニメやドラマとでは物語が進むペースが全然違うんで

PROFILE

たかの・みなと。脚本家。映画『賭ケグルイ』、『3D彼女 リアルガール』でもお馴染みの英勉監督とのタッグで、今作の『映像研』も大ボリューム・大スケールの世界を作り上げた。

すよ。なので、原作が持っている魅力と読んだときの気持ち、感情というのを表現できるようにというのは意識しています。今回は情報量を増やすという意味で、浅草氏がバーっと喋っている場面が多かったですけど、あのへんの喋っている内容というのは原作では見開きで設定が載っている部分なんです。読者ならあれを隅々まで読んでしまうじゃないですか。でも、それを実写でビジュアル化しようとすると、ただ一瞬パッと出てきて終わりになってしまうはずなんです。だから、そのじっくり読んでいるときの没入感を再現するには、あえて口で、時間をかけて全部説明するというのが大事なのかなと。そうすることで、ドラマを観ている人が原作を読んだときと同じ気持ちになれるようなシンクロは考えていました。あと、『映像研』においては話のテンポがオフビートに見えて、実は結構いいテンポという不思議な感覚があって。ユルい日常系かと思いきや、話が急展開してポンポン進んでいったりするので、そのテンポ感は脚本を書くときに意識しました。そういう意味では、原作を読んでいるときの気持ちを再現するというのは、原作ものをやるときに僕が大事にしていることかもしれませんね。

――では、『映像研』だからこそのこだわりや、高野さんならではのアイデアを入れたというポイントは？

高野　自分としてはとにかく、詰め込めるだけ詰め込んだという感じですね。それは情報だったりセリフだったりアイデアだったり。アイデアに関しては結構詰め込んでからバサバサ切って、もう一回新しいアイデアを詰め込むみたいなことをしました。大抵の作品では基本は削ぎ落としていく作業が多い気がするんですけど、『映像研』の場合は真逆。三人も面白くするし、別の部活もぶち込むし、浅草氏のセリフはとにかくいっぱい書くし、場面も目まぐるしく変わるし、ストーリーもいろんな話が絡み合うし。整理整頓というよりは小さい箱に無理やり全部詰め込むみたいなことが、今回ならではのことだったかもしれないです。

――劇場版は情報量の多さとテンポの速さが相まって、実は2時間くらいなのにもっと時間が経っているぐらいの濃密さを感じました。

高野　それは僕も映画を観て思いました。編集もそうだしCGもそうだし、脚本で書いた以上にものすごい量が込められていて、よりカオスになっていましたよね（笑）。でも、それが唯一無二の面白さにつながっているのかなと感じました。

――クリエイターをテーマにしているからか、クリエイターあるあるみたいな小ネタも散りばめられていますよね。

高野　本当はそうなることって、恥ずかしいことじゃないですか（笑）。打ち合わせでも出ましたよ、「こういうやついるよね」って。ドラマ3話だったかな、金森氏が自分でアイデアを考え出しちゃう場面があったと思うんですけど、あれなんて「打ち合わせでプロデューサーが急に『ジャストアイデアなんですが』といって、すごいこと言ってくることありますよね？」みたいな話から広がっていきましたし（笑）。あと、5話で自走三脚式カメラで撮っているときに金森氏が「いいよ、もっとやっちゃおう！」みたいなセリフも、「ああいうプロデューサーいるよね？」みたいになりましたし。映画版で浅草氏が「ロボアニメはやめよう！」というところも、外に出て雨がザーッと降ってきて、戻ってきたら突然言うわけですが、最初「何かきっかけはいるんですかね？」って話していたら「いや、ならない？　急に自信がなくなっちゃうこと、あるじゃん？」って話になって。クリエイターが作っている以上、自分たちが作り手として感じているあるある話は至るところに詰まっていると思いますよ。

――でもこういうやりとりって、どの世界にも似たようなものがありますよね（笑）。

高野　そういう意味では、普遍的な話題だと思うんですよ。内輪受けではないと信じたからこそ、みんなゴーを出したところはあるんじゃないかな。「みんな同じようなことで苦労しているよ」ってことなんでしょうね。

――先ほど話題に挙がりましたが、いろいろな部活動や同好会が登場するのも実写版の魅力です。高野さん的に気に入っている部活は何かありますか？

高野　パッと思いつくのは、声帯模写部。ドラマで、僕がなんで声帯模写部を考えて出したかというと、タヌキをどうしても出したかったんですけど、今までの仕事の経験上、動物を使う大変さは身に沁みていた。だけど出さないのは嫌だなと思ったので、苦肉の策で「声帯模写部というのをやったら面白いんじゃない？」ってことになって。最終的に映画版では形態模写部とかいろいろ膨らんでいったのもあったので、自分の中でも経緯含めて思い入れが強いですね。

――では、脚本家としてグッときたポイントは？

高野　試写のとき、ラストでめっちゃ泣いちゃったんですよ。こういうとあれですけど、ほかはふざけ倒しているところも多いんですけど（笑）。監督から「水崎氏の話はちゃんとやろう。最後はもう泣かせちゃいたい」という話があって。あのストーリーはもちろん原作にもあったし実際に感動したエピソードだったので、いいシーンになるとは思いつつも「変なコントとかやり切ったあとに、これで泣けるのかな？」みたいな不安も若干あったんですよ。あそこはいろんなものが相まっていたと思うんです。演出もそうだし、演技もそうだし、いろんな人の思いが合わさって、説明できない感動が押し寄せてきて。自分で書いたのに、客として泣いちゃうみたいなところはすごいありましたね。それこそ、ドラマ最終話の浅草氏の口上なんて、あれもドラマを観ながらオイオイ泣いちゃいましたから。漫画を読んだとき、あのシーンはむしろ圧倒される感じでカッコいいに近い感情すら抱いていたんですけど、ドラマ版はまた違って感動しちゃって。主演の三人の力と演出の力をめちゃくちゃ感じましたね。

――最後に、『映像研』のいちファンとしての注目点を教えてください。

高野　ファン目線からしたら、音響にめちゃめちゃこだわっていて、音がすごいと思うんですよ。劇場版は音響部の百目鬼氏が加わっているのもあって、音の演出がめちゃめちゃよくて、ヘソに響く音もいいので、ぜひ映画館で観て体感してほしいですね。まずは何より、大きなスクリーンで観ないとダメな作品ですよ。ある高校のアニメを作る部活動の小さな話なのに、テレビじゃなくて映画で観たいと思える作品ってそうはないと思います！

女優

伊藤沙莉

SAIRI ITOH

プロが集まって

――最初に『映像研には手を出すな！』の漫画原作を読んだとき、どういう感想を持たれましたか？

伊藤　あんまり見たことがない新鮮な作風だと。あんなにコマいっぱいにセリフが詰まっている作品も見かけないですし、専門用語も多いからついていけるかな？　と不安だったのですが、気がつくとどんどん引き込まれていく感じが面白かったです。

――映像研に所属する三人のキャラクターはいかがでした？

伊藤　すごくバランスのいい三人だなと思っています。私、ひとりひとりがどんどん仲間になっていくような作品がすごく好きなんですね。かつ、みんなまったく違う強みや、ここだけは譲れないという軸をしっかり持っている三人が集まっているからカッコいいし、さらに青春感も強いからなおさらいいな、素敵だなと惹かれました。

――アニメ制作というクリエイターに焦点を当てた作品ですが、青春ストーリーとしての側面も強いですものね。

伊藤　それがこの『映像研』の不思議なところで、私たちが知らないうちに、確実に青春が始まっているのですが、一方でちゃんと仕事をしているようにも見えるし。金森氏が引っ張ってくれることによって賃金が発生したりと、高校生のレベルじゃなくなっていることに本人たちも気づかないのが、第三者から見ていると本当に面白いし応援したいなと思えるのだと思います。

――その中で、伊藤さんは浅草みどりというキャラクターを演じることになります。

伊藤　浅草氏は、漫画を読んでいても私の中で唯一声が浮かばなかったキャラクターでした。すごい女の子って感じでも男の子って感じでもないいろんなものを飛び越えた「浅草氏」という人物、が「どんな声で喋っているんだろう？」と全然声を想像できませんでした。声優をすると決まったときも「どこからどういう声を出せばいいのかな？」とすごく悩んだ記憶があります。

――その悩みはどなたかに相談しましたか？

伊藤　いや、もうアフレコに入ってからですね。バーっと声を出してというよりは最初になんとなく私自身の……浅草氏は私自身の声なんですけど、普通に地声で話してから音響監督の木村絵理子さんに「もうちょっと高くして」とか「ちょっとアニメっぽく」とか、わかりやすくチューニングをしていただきました。その演出をしていただいたおかげで、浅草氏が成り立っていった感じですね。

――なるほど。声のお仕事は映画の吹き替え経験がありましたが、アニメは初めてでしたよね。

伊藤　そうなんです。吹き替えだと本国の方が演じているテイストを真似できたりするので、そこはやりやすい部分ではあるのですが、今回は本当にまっさらな状態、完成形の絵じゃない状態でアフレコをしていたので、かなり難しかったです。セリフだけだと悲しいのかなという場面でも、実は笑って言っていることもあったりするので、もう一度台本を読んで、更に原作を読み返さないとわからない部分も多かったです。何度も台本と原作を読み

PROFILE

いとう・さいり。女優。2003年デビュー。『映像研には手を出すな！』でテレビアニメの声優に初挑戦。高い演技力と表現力、そして"浅草力"でアニメ業界を沸かせ、またその他の作品での活躍で第57回ギャラクシー賞個人賞を受賞。映画『蒲田前奏曲』、『小さなバイキング ビッケ』（主人公の声を担当）、『十二単を着た悪魔』、『ホテルローヤル』、『タイトル、拒絶』が公開を控えている。

返して、現場に臨みました。でもなにより、（金森さやか役の）田村睦心《むつみ》さんと（水崎ツバメ役の）松岡美里《みさと》さんが本当に優しくて、「ここってどう思います？」と聞いたことに対しても確実に返してくれるのがありがたくて。三人で話し合って「このシーンはこういう感じだね」と進めることができて、本当にお二人には助けていただきました。

――実際に完成した第1話をご覧になったときは、どう感じましたか？

伊藤　1話に関してはまず興奮が勝ってしまって、アニメが完成したり何かが進展したときの『映像研』の三人と同じテンションだったんですよ（笑）。「うおっ！　自分が声を入れたやつがアニメになってる！」みたいに喜んで、そのあとに「もうちょっと声の出し方をこうしていればよかったかな」とか、反省を次回以降に活かす感じでした。

――ご自身の反省点以外にも、例えば音響監督さんや周りからアドバイスはありましたか？

伊藤　浅草氏はすごい臆病者で、怖がっているシーンが時々出てきますが、そこの怖がりが全然足りないとやり直したことは何度かありました。地下でうさぎのぬいぐるみをチューチュー吸っている場面があるのですが、自分が思う怖いという感情を出していても、声にするとあまり怖がっているように聞こえなくて。それで「もうちょっと弱々しく」とアドバイスをいただいたり、私も怖がっている顔をして体をこわばらせてセリフを言ったりと、試行錯誤しました。声だけで感情を伝えるのって本当に大変で、それを見事にこなす声優さんって本当に素晴らしいと改めて実感しました。

――放送が始まってからは、番組関係者以外からのリアクションを耳にすることも多かったと思いますが？

伊藤　いやあ、すごかったです。たぶん今までの人生でこんなにたくさんの人から「観たよ」と言われたのは初めてってぐらい、声をかけてもらいました。このお仕事をやっていると役名で声をかけてもらうことが多いのですが、浅草氏はダントツですね。ちっちゃい子たちにも「浅草氏だ！」と言われましたから。（笑）。

――この作品って、大人が観るとモノづくりと真摯に向き合う姿勢を思い出させてくれるし、子どもが観るとキャラクターの個性の強さに惹かれたりロボットアニメを観るような感覚にも重なるし、視点はそれぞれ異なるけど全方位に響く要素が散りばめられているんですよね。

伊藤　本当にそう思います。私なんて、金森氏と浅草氏の言い合いとか金森氏に怒られている浅草氏の姿を目にすると、「うわあ、現場でよく見る光景だ」って思います（笑）。私も大人の部類だからかもしれないですが、『映像研』を観ていると泣けてくるというか。「頑張れ！」とも思うと同時に、初心を改めて感じさせられることも多いんですよね。金森氏の「提供するあなたが自信を持っていない作品を誰が観たいと思うの？」というセリフとか胸に響く言葉も多かったですし、「仕事ってこういうものだよ」っていうことを教えてくれる作品だと思うので、こういうクリエイティブな世界を目指している同世代の人には「観て！」って薦めました。たまにインスタのDMで「仕事って楽しいですか？」とか「なんで仕事しないといけないんですか？」とかメッセージが届くことがあるのですが、そういう場合は全員に「映像研を観て！」って言いたいです（笑）。

――『映像研』の三人、特に浅草氏や金森氏って一見エキセントリックだけど、ひとつのことに対する熱や入れ込みなど、あの純粋さこそ実は見習うべきところですよね。

伊藤　そうですね。しかも、みんながそれぞれ知らない間に支えあっていて、浅草氏があそこまで自由にできるのは金森氏のおかげだし、そういう普段改めて気づけないような支えにも気づかされるというか。私も「こんなに楽しく自由にやらせてもらえるのは、この人たちがいるおかげなんだ」と再認識できましたし、人との関わり方を教えてくれるという点でもすごく素敵だなと思います。

――ほかにも、この作品を通じて見つけた新たな気づきはありましたか？

伊藤　どんどん深掘りしたい、追求したいと思っている好きなことが仕事になっている、自分がそれで生きていけているという喜びも改めて感じました。あとは、現場のスタッフさんに対しても改めて……上からに聞こえるかもしれませんが、すごく愛おしいという気持ちになりました。いろんな分野のプロフェッショナルが集まってひとつの作品を作り上げるというのは本当に素晴らしいですし、「奇跡を起こしています」みたいな気持ちがすごく強くて。実際に『映像研』の現場でも、大人の皆さんがすごく楽しそうにお仕事をされていました。こういう環境で一緒にお仕事できることがとても幸せでしたし、何よりみんなの目がキラキラしていたのが印象的でした。それこそ、みんな浅草氏に見えるんですよ（笑）。「もっとこうしたら面白いよね！」みたいなワクワク感を大人になっても忘れていない、私を含めてですが『映像研』を通して思い出したところもあったのかなと思うと、すごく素敵な現場ですよね。

――9月の実写劇場版公開を機に、再びアニメ版に注目が集まるかと思います。そんな、これからアニメ版『映像研』を観る方に向けた伊藤さんの注目ポイントを教えてください。

伊藤　見たことない世界へのワクワク感だったり、逆に感じたことのある懐かしい情熱を改めて発見できたりと、先ほどおっしゃっていたように幅広い方に何かが刺さる作品だと思います。だから、最初は百目鬼氏を含めた映像研のメンバーを応援している立場から、気づくと自分たちも映像研のメンバーであるかのように胸が熱くなっていく感覚をぜひ楽しんでもらいたいなと思います。加えて、もし原作を読んでいる方でしたら「これがこう動くんだ」という、アニメで表現することの成り立ちがわかりやすいと思うので、そこも楽しんでもらいたいです。きっと、『映像研』を観たことでほかのアニメの観方も変わると思います。私、『映像研』を経験してからほかのアニメを観ると、グッとくることが増えたんです。「ああ、こういう苦労があったんだろうなあ」とか「作っているとき、ちゃんと寝られたかなあ」とか、余計なお世話なんですけど（笑）、熱い思いを倍感じるようになりました。『映像研』ってモノづくりの人たちの情熱がわかりやすく表現されている作品だと思うので、ここからまた新たなアニメーターが生まれたら素敵だなとか、これに影響を受けて仕事や自分の好きなことに対して今まで以上に燃えたぎって臨めるようになったらうれしいなと思います。

ミュージシャン

chelmico

CHELMICO

ってみんな、

――お二人はアニメ『映像研には手を出すな！』のオープニングテーマを手がける前から、原作のことをご存じでしたか？

Mamiko　名前は知っていました。

Rachel　話題になってたからね。

Mamiko　そうそう。それで、スタッフさんから「こんなオファーが来てます」とオープニングテーマの話を知らされて。

Rachel　そのあとすぐに原作を購入して読んで、本当に内容がよかったので「これ絶対にやるっしょ！」ってことになって。そこから、湯浅政明監督から曲のイメージとして「疾走感」というテーマをくれて。ざっくりだなあとは思ったんですけど、『映像研』っていろいろギュッと詰まってるから、いくらでも書けるなっていう感じはあったよね。ちょうど自分たちの状況と映像研の三人がリンクしているところも結構あったので、その三人の曲という体にして好きなことを言おうと書き始めました。

――普段の曲作りとこうやってテーマを与えられた曲作りとでは、何か違いはあるんでしょうか？

Mamiko　感覚はちょっと違うかもしれないですね。テーマを出されると大喜利みたいになって、「やってやるぞ！」感が強くなるのかな。大喜利の出題者を驚かせたいし。

Rachel　うん、驚かせたいというのはあったかもね。湯浅監督とか原作者の大童さんが素晴らしい作品を作っているから。

Mamiko　絶対に負けてられない！

Rachel　そう、超えてやるっていうワクワク感があったよね。

――アニメのオープニングの映像はオンエア前にご覧になったんでしょうか？

Rachel　そうですね。曲が出来上がってから観せてもらったら、びっくりして。想像の斜め上をいっていたので、最初は鳥肌が立ちました。もともと湯浅監督のファンだし、原作も読んで大好きになっていたので、いち関係者ではあるけどファンという気持ちのほうが大きかったです。

Mamiko　感動したよね。でも、最初は思っていたのと違って驚いたけど。

Rachel　斬新だったよね。予想外すぎる動きというか！

Mamiko　この絵でずっと持たせるんだって（笑）。洒落てるなって思いました。「この抜け感ヤバいじゃん」って、そこにびっくりしたし、面白くて何回も観たくなった。

Rachel　あのオープニング映像を作った方のインタビューを読んだんですけど、すごく大勢の人が関わっていたら「いや、この絵だけじゃ押し通せないよ！」みたいな意見が絶対に出てくるし、逆に「これをもっと入れよう」とか、とっ散らかっちゃうんじゃないかと。でも、すごくシャープな映像に仕上がったのは、その方のアイデアもすごく大きかったんじゃないかなと思います。

Mamiko　あんな踊り、踊らせようと思わないよね（笑）。

Rachel　そんなシーン、1回も原作に出てこないし（笑）。中毒性がすごいよね！

Mamiko　『映像研には手を出すな！』のロゴも2回出すんだ！って（笑）。

Rachel　最初のラフ映像を観たときは、あれ？と思ったよね。そうしたら、そのまま放送されていたので「えーっ、2回？」って（笑）。最初から最後までアイコニックすぎて、あれが海外の人にウケるのも納得だなと思いました。

――録画で数話立て続けに観ても飛ばしたくないし、あのオープニング映像込みで『映像研』なんですよね。

PROFILE

ちぇるみこ。RachelとMamikoからなる二人組女性ラップ・デュオ。テレビアニメ『映像研には手を出すな！』のOPを担当し話題となる。最新アルバム『maze』も好評発売中。

Mamiko ああ、確かに。

Rachel あれを観ることで、映像研を観たとちゃんと言えるという。

――それが『Eazy Breezy』の〈はい、始まった〉という歌い出しと、またリンクするんですよ。

Rachel 確かに。そこは少し意識しました(笑)。

――放送後は、予想していなかったところからのリアクションもあったんじゃないでしょうか。

Mamiko めちゃくちゃありましたね。実際「『映像研』の人だ」って声をかけてもらうことも増えましたし、海外のリスナーも増えました。それこそ東野幸治さんが『映像研』の大ファンで、そこからchelmicoのことも好きになってくれたくらいですから。しかも東野さん、『映像研』のアニメの影響でラジオを始めましたしね。影響力がすごいですよね。

Rachel でも、触発されるよ。

Mamiko うん。これを観ていたら自分も何かやりたいって思うもん。

Rachel 『映像研』じゃなかったら、ここまでいろんな人に観てもらったり聴いてもらったりすることはなかったんじゃないかな。本当に何もかもが全部合致したみたいな、全部正解を出していったみたいな感覚がありました。タイミングもそうだし、作品も素晴らしいし、歌詞の内容もちょうど私たちの心情とリンクしていたので、その結晶だと思います。

――これまでもCMやドラマなどのプロジェクトに携わって、楽曲制作することもあったと思いますが、今回の『映像研』はそれまでの経験と比べて何が違ったんでしょう?

Mamiko まず作るにあたって、漫画への共感が強かったことが大きいです。

Rachel 例えば企業さんとタイアップするときは、その企業さんが伝えたいメッセージと私たちが伝えたいメッセージのちょうど間を探していくようにしているんですけど、『映像研』は完全に一緒だったから。「ほぼうちらじゃん!」って感じだったから、作品の一部感がすごく強くて。

Mamiko しかも、三人を通して代弁してもらえるから、より強気で言えるんですよ(笑)。そこも今までの感じとは違かったな。でも、クリエイターのお話だったから、そこに対しても驚かせたいというのもありましたね。

Rachel "対お客さん"という目線よりは、アニメを作っている人や原作者といった"対クリエイター"目線での、もうちょっとインナーな感じの「かかってこいや!」みたいな(笑)。「これにどういう動きをつけてくるの?」みたいな気持ちも強かったので、だからピュアなものができたのかな。

Mamiko 『Eazy Breezy』の〈どうせやるならめんどくさくなろうぜ〉みたいな歌詞がクリエイターの方々に響いているという声もよく聞くので、作ってよかったなと思います。

――『映像研』でのお仕事を経験したことが、その後の曲作りに反映されると感じることは?

Mamiko 歌詞の内容がより正直になったんじゃないかな。今までの曲やアルバムに比べて、8月26日リリースのニューアルバム『maze』はよりパーソナルな内容で、恥ずかしさとかなくなったというか(笑)。正直に書いたほうがやっぱり刺さるし、私はそういう曲のほうが嘘がないなとより感じています。そもそも今回のアルバムって『Eazy Breezy』から作り始めたので、それで勢いづいたのもあって。浅草氏バイブスじゃないけど、強気に「やるっしょ」っていうマインドで走り続けてゴールできたのかな。

Rachel 自分で書いた歌詞に自分が背中を押されている感じがあるかも。

Mamiko うん。すごい刺激になりましたね。

Rachel 作りたい欲も刺激されたし。

――この曲って作ったご自身もそうですし、外側に向けてもそうですし、すごいパワーでいろんな影響を与え続けていますよね。

Mamiko 自分が思っている以上にみんなに影響を与えていましたね。ミュージックビデオもすごかったですし。

Rachel あのビデオもよかったよね。映像監督の田向(潤)さんもそうだよね。静かな人なんですけど、映像研を観て「これをやってやる!」って心の中は燃えてたのかな。

Mamiko 結果、そういうタイプが集まりましたね(笑)。

Rachel "対クリエイター"で闘志を燃やすタイプが集まった。

Mamiko 結局クリエイターってみんな、熱いんですよ(笑)。

Rachel その起爆剤となったのが『映像研』なんだよね!

Mamiko 各方面に火花を散らして。だってホント、あの東野幸治さんがラジオを始めたってマジですごいと思う! だって、あそこまでキャリアがある人に「これはやらなきゃいけないんだ」って思わせる作品って本当にすごすぎない!?

――クリエイティブなことに関わったことがある人なら、絶対にどこか心を揺さぶられる作品ですものね。

Rachel そうなんです。すごいのがクリエイター本人だけじゃなくて、スタッフ目線とかも描かれているじゃないですか。中には金森さんみたいなプロデューサーの人もいれば、もうちょっと外側の人もどんどん出てくるし、絶対にひとつは自分に引っかかるところがあるので、どこか熱くなっちゃいますよね。それぐらい熱い気持ちでいられるといいものが作れるんだから、ちょっと義務教育でやったほうがいいかもね(笑)。

Mamiko 教科書として配ったほうがいいかも(笑)。

Rachel 何かを作りたい人にとってのバイブルになると思うので、一回『映像研』を読んで、じゃあ一緒に何か作りましょうかっていうぐらい、すごくいい影響があると思います。これを読んで、熱をすり合わせることができたらいいな。一人だけ冷めてる奴がいると、モノに対する愛情が違ってどうしてもうまく回らないじゃないですか。全員愛情がある人が集まったら、そのぶん大きいものが作れると思うし!

――実際、『映像研』を通して高ぶる気持ちを取り戻した人も多いんじゃないでしょうか。

Rachel 本当にいろんな職業の人がいいって言ってますもんね。あれは定期的に読み返さないとですね。

Mamiko 何かを見失っているときに導いてもらって。しかも、読んでるときの気分によって刺さるところが変わるから、それも面白い。いつ読んでもそのときの答えが絶対見つかる、みたいな。

Rachel 「あ、これじゃん!」っていうのがどこかに出てくるんだよね。本当に、みんな読んだほうがいいと思いますよ!

MIZUKI YAMASHITA
TSUBAME MIZUSAKI

山下美月
水崎ツバメ

PHOTOGRAPHER SUGURU KUMAKI
STYLIST YUYA
HAIR &MAKE NAOKO TAMURA(GiGGLE)
TEXT TOMOKAZU NISHIBIRO

ナカジマ
2019.3.19
スーパージェット

Q&A

もっと知りたい、
撮影現場でのあんなことやこんなこと。
コッソリ教えてください!

水崎氏に聞いた!

山下美月(水崎ツバメ) MIZUKI YAMASHITA TSUBAME MIZUSAKI

Q1 映画の中で個人的に一番頑張ったのはどのシーン?

ラストシーンです。
原作の中でも印象に
残る場面なので
一日中緊張していました。

Q2 劇中で好きなセリフは?

「巨大ロボは責任だからね」

浅草さんにズバっと言うシーンは
とても気持ちが入りました。

Q3 ご自分以外の2名のメンバーの、撮影中の様子を教えてください。

飛鳥さん　とてもかわいらしい少女でした。
梅　テンションが上がると変な人になります!

Q4 今だから言える裏話、教えてください

撮影終わりに
ハンバーガー屋さんやコーヒーショップに
皆で行って帰りの車で食べるのが楽しみでした。

Q5 自分は役柄に似ていると思いますか?

こだわりが強い所が似ています。

私も周りに何を言われても、自分のこだわりを
貫くタイプなので、ツバメちゃんの気持ちの強さは似ているなと思います。

Q6 映画の中でのご自分は、ハッキリ言って何点ですか？

99点。今の自分ができる事は全てぶつけたつもりです。
残りの1点は観てくださる皆さま次第です。

Q7 「映像研」を漢字一文字で例えると？

鬼

「鬼」良い意味で、です。
情報過多な映画で、
色々なものが迫り来る作品です
撮影も鬼大変でしたが鬼楽しかったです。

Q8 自分が芝浜高校に入学するとすれば、何部に入りますか？

声帯模写部

映像研の次くらいにぶっ飛んでいる
部活動で、楽しそうだなと思いました。

Q9 共に撮影を乗り切ったお二人に、それぞれ一言！

飛鳥さん。

後輩の私にもチャーミングな
姿を見せてくださり、ありがとうございます。
圧倒的なセリフ覚えの早さは本当に
勉強になりました。
かっこいい素敵な先輩です。

梅。

しっかり者で大人なお姉さんで、
一歳差とは思えません。
真面目で勉強熱心な
姿にとても刺激を受けました。
これからもよろしくね！

Q10 これから映画を観る方々にコメントをお願いします！

クリエイター達の、若くて熱い
力強い気持ちにきっと心が
動かされる作品だと思います。
「挑戦」はいくつになっても素晴らしいものです。
このパワーを受けとってください!!

映像部門で乃木坂から飛び出していける人間になりたい!

――クランクアップからだいぶ時間が経ちましたね。

山下　クランクアップが1月末なので、半年以上経っているんですよね。

――完成した映画を観たことで、記憶がよみがえってきたんじゃないですか?

山下　この時期だからこそかもしれないですけど、ついこの前クランクアップしたと思っていたら、あっという間にこんなに時が経ってしまって。たぶん、お芝居のお仕事を今ほかにやっていないからというのもあるんですけど、『映像研』のことがずっと頭の片隅にはありました。それこそ、この『映像研』のお話をいただいたのが去年の9月頃だったので、関わり始めて早1年になりますし、ドラマと映画を一緒に撮影するというのも私の中では初めての経験でしたし、自分の中では一大プロジェクト感が強かったんです。

――撮影期間も約3か月と、結構長い期間でしたものね。

山下　確かに。すごく濃密な3か月でしたね。普通のドラマでも最終回と1話を同じ日に撮ることはあるかもしれないけど、『映像研』ではドラマと映画を同じ日に撮るってことが毎日のように続いていたので、すさまじいことだなと思って(笑)。ドラマと映画は地続きで同じ話ではあるけど、また空気感が違ったり、ドラマの見せ方、映画の見せ方とあったと思うので、そういうことを頭の中で考えながらいろいろやったりするのも、すごく不思議な経験でした。

――とはいえ、ドラマも1話からスケール感が大きすぎて、映画かと思いましたよ(笑)。

山下　ドラマだからといって映画より劣るなんてことなく、「バリバリに本気で作るじゃん、このチーム!」と思いましたから(笑)。そういうスタッフさんの熱量を感じられたのが、私的にはすごく大きかったですね。

――それこそ『映像研』という作品だからこそ、クリエイター魂に火をつけるところも大きかったのかなと。

山下　この作品を中途半端な気持ちで作らないぞっていう製作側からの熱い思いも伝わりましたし、もちろん私たちの気持ちも一緒で、勢いだとか熱量が足りていないとこの作品はできないと、本読みの時点で感じました。そのぶん体力もすごく使いますし、私たちはほかのアイドル業もやりながらの撮影でしたけど、それでも本当に振り切って臨めたのは、この『映像研』だからこそだったんだろうなと思いましたね。

――山下さんが演じる水崎ツバメという役について、以前のインタビューでは「水崎は自分に近いキャラクターだ」とおっしゃっていました。近いからこその演じる難しさもあったのかなと思いますが。

山下　ツバメちゃんは映像研の三人の中でも、すごく難しい役だなと思っていて。例えば浅草だったら監督的な役割があり、金森もサポート的にいろいろお金の面でチャキチャキ動く。でも、ツバメちゃんって読者モデルという広告塔みたいな役割もありつつも人物画を描くのが得意、だけど二人に比べるとそこまで強く見えないという不思議な関係性がすごく難しくて。スタッフさんにも「ツバメちゃんは難しい」というのを最初から言われていて、そこは大きな壁だと思っていました。それに、自分と似ている面もあると同時に、私にないものもツバメちゃんは持っていますし。

――自分にないものって、具体的にどういうところですか?

山下　俳優の両親から受け継いだ演技力だったり観察眼というのは私にはないもので、本当に遺伝子レベルでのセンスだと思うんです。それを自分が頑張っている感を出さずに、いかにセンスの良さを出していくか。だから、ツバメちゃんは普段から芝居がかっているというか、リアクションが感受性豊かになりがちなところがあって、それは生まれ育った背景にあると思うんです。でも、演じる上でそれをやりすぎちゃうとイタい子になっちゃうし、だけど金森と浅草はもとからクセが強い人だから、そこにどう乗っかっていくかをすごく考えました。

――撮影に入ってから、手応えを感じられた瞬間ってありました?

山下　いやあ、毎日不安でした。いつもお芝居の現場に行くと、正解がわからないから自分でテレビとかスクリーンを通して見てからじゃないと「これはよかったな、悪かったな」というのが結果的にわからなくて。ずっと「大丈夫かな? できているかな? 監督に不安がられてないかな?」って考えていました。

――では、ドラマが放送される前まで不安だった?

山下 皆さんにどう見られるかが想像できなかったので、ずっと不安でした(笑)。それに、アニメ版のスタートが私たち実写の撮影の終盤だったので、そことの比較も不安でしたし。でも、アニメ初回を観て、私的にはアニメのツバメちゃんと自分の演じているツバメちゃんは解釈が一緒だと感じたんです。そこでちょっとホッとした部分はありましたね。ドラマは……やっぱり最初は客観的に観られなかったというか。撮影では眉毛の太さとか前髪とか、毎日細かい部分を微調整しながら臨んだんですけど、テレビに映ったツバメちゃんを観たら「ああ、頑張ってよかったな」と思えて安心しました(笑)。

――それにしても、映像研の三人のセリフ量は異常ですよね。

山下 すごいですよね。でも、私的にはお芝居ができるのがとても楽しいことなので、全然苦ではなかったです! ただ、現場から家に帰ったら寝ないように玄関で台本を読んでました(笑)。

――えっ!?

山下 だって、部屋に入ったら絶対に寝ちゃうと思って。家に帰ってきら荷物を置いて、玄関で立ったまま台本を読んだりしていました。

――対話シーンも多いですが、台本を読みながらイメージトレーニングしていたんですか?

山下 私の場合は「相手がこんなふうに言ってくるだろうな」っていうのを想像して、家で一人で練習しています。単純に一人で台本を読み合わせるのが好きなんですよ。だから、ほかのキャラクターのセリフも一人で読みますし、日によっては「今日は金森さんをやってみよう」とかもあるので、それが普通に楽しくて。それこそエチュードみたいな感覚ですよね。だから、小説を読んでいるような気分で台本を読むのが好きなんですよ。

――すごいですね。また、水崎ツバメは川に飛び込んだりと、体を張ったシーンも少なくなかったですよね。

山下 ふふふ、ありましたね(笑)。でも、仕事だからできるというのもあるんですよ。例えば遊園地でジェットコースターのロケでも、プライベートでは本当に嫌だけど、仕事だったらへっちゃらになれるみたいな(笑)。川に飛び込むのもお芝居の流れでやるとなると、恐怖心を感じずに勢いでできるんです。

――聞くところによると、2回飛び込んだそうですね。

山下 そうなんですよ。1回目はスカートがめくれ上がってしまったので、15分で髪の毛を乾かして、制服も乾かして、2回目はがっちりスカートを押さえてOKでした(笑)。それも、2回飛び込むという恐怖心よりも「次にNGを出したら、このシーンだけ別日に撮り直しだ」というプレッシャーのほうが大きくて。

――でも、今回ドラマと映画でここまで全力で臨んだことにより、山下さんの新しい役者の側面を多くの人に知ってもらえると思います。

山下 そうだと嬉しいですね。自分の気持ち的にもすごく変わりました。20歳になって初めて臨んだ作品でもあったし、久々に映像で乃木坂46のメンバーとも一緒に仕事もできましたし。自分的には映像部門で乃木坂46から飛び出していける人間になりたいという思いがずっとあるので、この映像研でこだわりを持って頑張り通せたことは大きな自信になりました。20歳の1年間で私は『映像研』とソロ写真集というモノづくりに携わることができて、自分が作ったものを世の中に発信するという素晴らしさを感じることができたし。特に『映像研』の中では本当にこだわりを持って、熱を持って、責任を持ってやっているんだってことを強く感じることができて、本当に幸せでした!

――では、モノづくりとの向き合い方もだいぶ変わったんですね。

山下 10代のときはアイドルという職業的にも、大人の方々が作ったものを表現する立ち位置であることが多かったんですけど、それが20歳になってからは「自分が制作側に回ってもいいんだ」ってことに気づいて。ただやるだけじゃなくて、こういう成果を得たいんですってことを周りにも伝えられるようになりました。それは『映像研』を通して、演者としてもクリエイターとしても熱くなれたことが大きかったのかな。なので、最近は周りからも「変わったね。すごく熱くなったね」とよく言われるんですよ。

――その変化のきっかけとなった作品を、もうすぐスクリーンで観てもらえるのは楽しみですよね。

山下 本当ですね。世の中ではコロナの影響もあって、自分がやりたいと思っていてもなかなかできないとか、時間がないと諦める人も多いと思うんです。でも、挑戦って何歳になってもできることだし、最初は絶対につらいけど、のちのち「やってよかった」に変わるじゃないですか。そういう気持ちを思い出してもらえるような作品になっていると思うので、今、人生の第一歩を踏み出そうとしている人に是非観てもらいたいです!

CAST'S TALK SAKURAKO KONISHI

道頓堀透

小西桜子

道頓堀が普通であればあるほど他のキャラが立つと思うんです。

——オーディションでの合格が決まったときは、どんなお気持ちでしたか？

小西　それはもう、嬉しかったです！オーディションの時は原作については伏せられていて、役の詳細もあまり伝えられず、短いオーディション原稿と、生徒会長役ということだけ書いてあったんです。それを見たときに、その役のセリフがまともなことをいっぱい言ってるから、真面目な役だ！と思って頑張って演技したんです。でも、すごいセリフ噛んだりとか飛んだりして、ダメダメで。これはもうダメだなーって思っていましたね……。でも、合格させていただいて！今考えると、道頓堀がちょっと抜けている役だったから、たまたま知らずにやったらぴったりで、合ったのかもしれないです（笑）。

——道頓堀との共通点は？

小西　あると思います！道頓堀は真面目で、学校の決まりとか校則を大事にして、忠実だけど、一方で抜けているという、そこがかわいいキャラクターなんです。でも自分にそんな真面目さはないけど……ちょっとドジっちゃうところは、似てるのかもなぁ（笑）。

——『映像研』の世界の中では、誰に特に共感しました？

小西　う〜ん、人見知りなところは浅草氏に近いところがあるかも。運動

PROFILE

大・生徒会の会長、道頓堀透役。1998年3月29日生まれ。埼玉県出身。今年ヒロインを務めた映画『初恋』では3000人のオーディション中から大役に抜擢され注目を浴びる。映画『佐々木、イン、マイマイン』、『猿楽町で会いましょう』などが公開を控える。

部には入りたかったけど、花形のバレーとかバスケではなく、人数も少なかったボート部で……いわゆる陰キャでしたね（笑）。学校以外のことにばかり興味があって、それこそ映画、本とか漫画とかネット大好きで。おうちに帰ったら即ネットみたいな（笑）。あっ、でも！　それが今の仕事に生かされてると思います。

――映画の世界観を再現するために、気をつけたことはありますか？

小西　原作では、道頓堀って結構存在感が薄いキャラなので、監督とどういうキャラなのかたくさん話し合いましたね。映像研のメンバーをはじめ、みんな濃くて強烈なので、あえて道頓堀が普通であればあるほど、周りのキャラが立つんじゃないかと話してて。だからあえてキャラ付けするというよりは、普通の真面目な生徒会長を演じることを心がけました。

――難解なセリフが多かったと思うんですけど、覚えるのは大変ではなかったですか？

小西　普段使わないような、聞いたことないような部活名とかが出てくるので、難しくて、たくさん練習しました。皆さん難しかったと思うんですけど……それこそ、撮影初日が生徒会と映像研との対峙シーンで。そのとき、乃木坂46のみなさんはセリフ覚えも完璧で、一度も噛まずにやっているのを見て、ヤバい！　と思って。私なんかが噛んだら大変だ！　と思って、緊張感を持って、頑張ってなんとかやりきりましたね。

――特に映画・ドラマの好きなシーン、台詞はありますか？

小西　いっぱいあります。ドラマでは、最後に浅草氏が、完成したアニメについて生徒会にいろいろ言われて爆発しちゃうシーンがとても好きでした。映画は、もう、全部。みんなの純粋な熱量に感動するんですよね。特に、文化祭の発表シーンは、何度観てもグッときちゃいます。

――それでは最後に、小西さん個人の見どころと、映画全体の見どころをお願いします！

小西　道頓堀としては、最後、映像研をちゃんと認めるのかに注目して観ていただきたいです。映画は、原作ともアニメ版ともドラマ版とも違う、強烈な新しいキャラクターがいっぱい出てきて、いい意味で新しい『映像研』になっていると思います。あとはやっぱり、スクリーンで観ていただけたらいいなぁって。音も映像も大迫力で、映像研の「最強の世界」がちゃんと再現されていると思うので、全身で体感していただけたらと思います！

さかき・ソワンデ
グレイス・エマ

PROFILE

大・生徒会の書記、さかき・ソワンデ役。2005年11月29日生まれ。幼い頃よりキッズモデルとして活躍。演技は今作が初となる。

——初めての本格演技ということですが、ドラマだけでなく映画もある大きな作品に出演する気持ちはどうでしたか?

エマ　本当にびっくりで、役をいただいたときは家族みんなで喜びました! 本当にまさかって感じだったんです、すべてが初めてのことだったので、緊張もしていたし、自信があるわけでも全然ありませんでした。

——ドラマ版もそうですが、エマさん以外いないというほどビジュアルも存在感もまさにソワンデだと思います。ちなみに原作はお読みになったことはありましたか?

エマ　オーディションだったので、1次のあとくらいにすぐ読みました。めちゃくちゃ面白かったのもあり、改めて、演じたい! という気合いが入りましたね。合格させていただいたあとは、また何度も読みました。なので、自分が演じて、それを初めてオンエアで観た時は、現場での演技がこういう風に映っているんだという感動と、自分がそこにいる! という、なんだか不思議な気持ちになったのを今でも覚えています。

——さかき・ソワンデはかなり『映像研』の中でもクールな役ですよね。

エマ　そうですね。いつもの私はおしゃべりなので、普段の生活の中で「ソワンデだったらこういう時こうするかな」とか考えたり、目つきとかをソワンデに寄せて行動したりして、自分に降ろしていました(笑)。時々決め台詞とかをかっこつけて言ったり、撮影期間中は完全に役になりきって生活してましたね。

——初めての撮影現場の空気はいかがでしたか?

エマ　オーディションに受かって、改めてキャストを聞いた時は、乃木坂46の皆さんと共演するとは思っていなかったので驚きましたが……! 現場では、金森さん(梅澤美波)が台本の覚え方とかを教えてくれて、超優しかったです! みなさん優しくて、あたたかくて、本当に素敵な方々でした。私には現場の経験がないので、監督もいちから優しく教えてくださったり、一度映画の撮影の現場を見学しに行こうって連れて行ってくれたりした

ズバッと言うシーンは ちょっとだけ気持ちよかった（笑）

んですよ！　本当に楽しく、リラックスして演技できました。初めての現場が『映像研』で本当に良かったと心から思います。

――なんとエマさんは、まだ14歳！　劇中での演技も、インタビューの受け答えもしっかりしていて、驚きました。中学3年生ということですが、実際はどんな学校生活を送っているんでしょうか？

エマ　受験が近いのでまず今は勉強を頑張っています！　学校では、クラスのみんなと話しているのが一番楽しいですね。演技のときのように、あんなにクールじゃいられないです（笑）。

――劇中でのエマさんお気に入りシーンはありますか？

エマ　たくさんありますが……生徒会と映像研のバトルのシーンです！　あとは、生徒会が部活を審査するシーンでは、個性的な部活がたくさんあるので、本当に実在したら面白いなって思いながら観ていました。部員のみなさんに、結構厳しいことをズバッと言うところは、ちょっとだけ気持ちよかったです（笑）。映画では、ドラマに出てこない他のいろんな部活が出てくるところとか、ドラマとはまた違って、音響と映像がとってもかっこよくて、それは劇場でしか楽しめないなって思うので、ぜひ大迫力の画面と音で観て、聞いてほしいですね。ずっとワクワクが止まらないと思います！

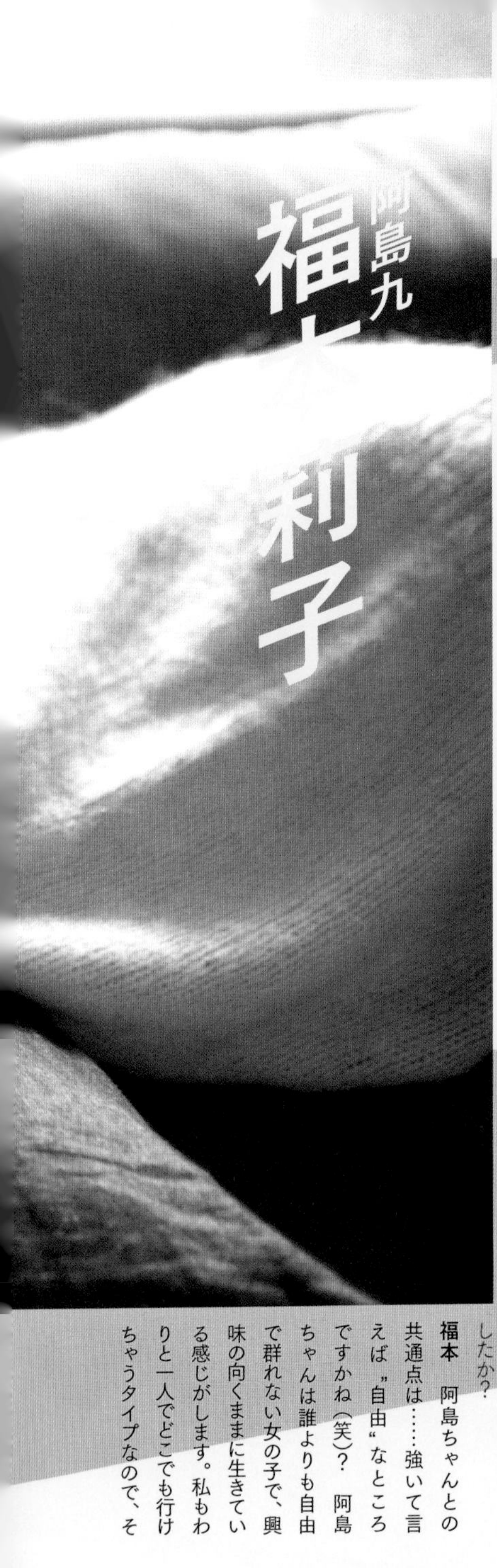

阿島九 福本莉子

PROFILE

大・生徒会の斬り込み隊長、阿島九役。2000年11月25日生まれ。大阪府出身。15歳のとき受けた第8回「東宝シンデレラ」オーディションでグランプリを受賞。翌年芸能界デビューを果たす。映画『しあわせのマスカット』が2021年公開予定。

――福本さんは、以前から英監督の作品をよくご覧になっていたそうですね。

福本　そうなんです！　お話をいただいたときは、今回もまた強烈な世界観の中で個性豊かなキャラクターが動き回る、面白い作品になるに違いない！　というワクワク感と英組に参加できるという嬉しさがありました。

――原作をご覧になって、どう感じました？

福本　出演が決まってから原作を読ませていただいたんですが、とにかく、1ページ1ページの、情報量がとんでもないなぁと思いました（笑）。大童澄瞳先生の夢やロマンがたくさん詰まった世界観で、今までに読んだことのない作風だったので、本当に衝撃を受けましたし、もっともっと世界に浸りたい！　と思いました。

――役柄の阿島は実際の福本さんの印象よりだいぶ破天荒に感じますが、ご自身として、なにか共通点は感じましたか？

福本　阿島ちゃんとの共通点は……強いて言えば〝自由〟なところですかね（笑）？　阿島ちゃんは誰よりも自由で群れない女の子で、興味の向くままに生きている感じがします。私もわりと一人でどこでも行けちゃうタイプなので、そこは似てるかなぁ、と（笑）。

――かなり個性的な学園が舞台の今作なのですが、実際の福本さんの学生生活は、どんな様子だったのでしょうか？

福本　学生時代、クラスの中ではツッコミに徹していました。関西出身で周りの友達がボケ続けるので、それをひたすら突っ込む。コントのような日々を送ってました。（笑）

――全員が個性豊かで、映像化できるのか!?　と言われていた本作品。映画の世界観を再現するために、「阿島九」として気をつけたことはありますか？

福本　阿島ちゃんを演じる上での私の課題はたくさんありました。今までにこんなにキャラクターの立っている役を演じたことがなかったので、まずは形から癖や振る舞い方のお芝居を研究しましたね。どのシーンも120％振り切ってどれだけ遊べるかを意識して、怖さの中にもチャーミングさをテーマに阿島ちゃんの可愛いところも見つけてもらえるように大事に演じました。

――現場の雰囲気はどうでしたか？

福本　英監督やカメラマンさんには「あじー」というあだ名を付けていただいて（笑）。とても温かい現場でした。どのキャラクターも癖が強くて面白くて毎シーン皆さんがどう出てくるのか、どんな演技をするのかを楽しみに、私もお芝居していました。偶然にも生徒会のメンバー四人中、三人の誕生日が11月だったのですが、ちょうど撮影

PHOTOGRAPHER KOJIRO HOSOI

ドラマに続き映画でも存分に暴れさせていただきました！

期間中で皆さんに祝っていただいたのが嬉しくて、思い出に残っています！

——特に、同じ生徒会の中でも年の近い小西さんとは今でも交流があるとか。

福本　はい、そもそも、撮影が始まるまえに、たまたまお会いしたことがあったんです。なので、生徒会メンバーが初めて集まるシーンの時は緊張したんですけど、小西さんもいてくださったので心強かったですね。

——ドラマ・映画で個人的なお気に入りシーンがありましたら、教えてください！

福本　ドラマのほうですが、金森氏にキレられるシーンですね。あのシーンは阿島ちゃんが唯一、弱気になって可愛さが垣間見えるシーンなのでお気に入りなんです！

——映画は実際に完成したものをご覧になって、いかがでしたか？

福本　まず、原作に負けないくらいの情報量の多さにビックリしました！　それぞれのキャラクターにも個性があるし、行動がぶっ飛んでいるけど、どこか憎めなくて、最終的にはストーリーとしてもちゃんと成立しているので、観ていてどんどんその世界に引き込まれていく感覚もすごくて。きっとどの世代の方でも楽しんでいただける作品になってると思います。私はというと、映画でも自由に暴れさせていただきました！　パロディーシーンもいくつか挑戦していますので、そのあたりもぜひ注目していただけると嬉しいです。最強の世界を刮目して観ていただきたいです!!

百目鬼

桜田ひより

三人と百目鬼との化学反応を楽しんでいただけたら！

——映画からの本格参加でしたが、緊張などありましたか？

桜田　英監督とは、以前お仕事させていただいていたので、衣装合わせのときからリラックスできていました。もう、「自由にやっていいよ！」っていう感じだったので（笑）。私が提案したり、監督とディスカッションしたりして生まれたものもあって、意見を尊重してくださることがとても嬉しかったです。衣装合わせでカツラとドーラン（日焼けをしている設定だったので）の色味を調整したりするのにも、カメラマンさんとヘアメイクさんとずっと話し合って。カツラは一回作ったら、もう作り直せないものなので、迷いました。それに加えて、ドーランの色味も画面を通してちょうど良く見えるようにするのが大変で。私と、スタッフさんのこだわりが詰まったものになっています！

——百目鬼は、映像研のメンバーとの絡みも多いキャラクターですよね。

桜田　乃木坂さんは、元々曲なども聴かせていただいていたし、以前にも映画で共演させていただいたり、山下美月ちゃんとは違うドラマでもご一緒したりしていたので、あまり構えずにその空間にいられました。でも、もうみなさん綺麗すぎて、遠くから見てるだけで幸せでした（笑）。

——百目鬼も、映像研の三人に負けず劣らず独特なキャラクターなのです

PROFILE

音響部　百目鬼役。2002年12月19日生まれ。千葉県出身。2017年初のドラマ、映画の主演を果たし、翌年には「ミスセブンティーン2018」に選出。多くの同世代に熱い支持を受ける。10月16日公開予定の映画『鬼ガール!!』にも出演予定。

が、演じるにあたってどんな役作りをされましたか?

桜田　彼女は中性的な子なので、女の子らしさ、男の子らしさをあまり出さないように演じました。歩き方、喋り方、座り方にも気を遣いました。

――桜田さんとの共通点は見えたりしました?

桜田　そうですね、百目鬼は自分の世界に入りこんじゃう子なので、そこの部分は仕事をしている時の自分に似てると思います(笑)。

――また、彼女は音オタクで、様々な音を録音しているという役でしたが、ご自分が他の人と違うなとか、変わってるなと思うところってありますか?

桜田　私は自分が本当に普通だと思っているので……(笑)あ、でも四つ葉のクローバーを見つけるのは得意です! 友達との待ち合わせの待ち時間みたいな、ちょっとした時間でも見つけたりします。中学の時、登下校中に絶対に四つ葉のクローバーを見つける! と卒業の1か月前くらいに思いついて、毎日、黙々と探していました(笑)。

――それは「変わってる部分」といってもいいと思います(笑)! 主役三人の超個性派トリオに負けず劣らず、存在感を放っている百目鬼もぜひチェックいただきたいですね。

桜田　はい、ぜひ! 映像研の三人との絡みに特に注目していただきたいです! それぞれに違う空気感を纏う三人に上手く溶け込めているのか、溶け込めていないのか分からない百目鬼との、化学反応を楽しんでいただければと思います。

――最後に、桜田さん的に映画一番の見どころも教えてください。

桜田　とにかく、スピード感がすごいです! 私も試写で観たときは、どうなっていくんだろうとずっと目が離せなくて……! 次から次へといろいろな問題や新たな課題が出てきながらも、三人をはじめ多くの登場人物が突き進んでいく展開を、1シーンも見逃さずに観ていただきたいです。本当にすごいボリュームになっていますので、何度でも楽しめると思います。

LONG INTERVIEW with the original author

『映像研には手を出すな』原作者

大童澄瞳

SUMITO OOWARA

『映像研』の創造主、大童澄瞳、27歳。突如として現れた新進気鋭の若手作家の描く「最強の世界」は、瞬く間に多くの読者を魅了し、2017年「ブロスコミックアワード」大賞を受賞、デビュー作で、アニメ化、ドラマ化、映画化という偉業を次々と成し遂げた。そんな「彼の頭の中を覗いてみたい」。そんな好奇心から始まったこのインタビュー。合計5時間強にも及んだ取材で見えた、漫画家・大童澄瞳ができるまで。そして、これから彼が産み出そうとしているものとは？

「習い、慣れる」という行為は大切。教わってないことはできないですから

大童澄瞳、誕生～小学生まで

祖母、両親、姉が人生最初の先生だった

――覚えている限りで一番古い記憶ってなんでしょう？

大童　明確ではないのですが、たぶん3歳ごろ。僕は人生で七回ほど家を変えているのですが、最初の家……僕はデビュー直前に大童家に養子に入り、それ以前は土屋という名字姓でして、第一土屋邸と呼んでいた場所はボロボロの汲み取り式便所があるような古い家屋に住んでいました。そこの庭にハサミムシがいたのでそれを観察していたのがたぶん僕の最古の記憶、でしょうか。ただ古い記憶というのは脳内で改ざんが行われるので、正確性は求めないでください。

――自然に触れあう機会が多い環境だったのでしょうか？

大童　はい。この頃は祖母と遊ぶことが多くて。大童家は父方の祖母の旧姓で、祖母の兄がずっと酒屋を営んでいたんです。そこで祖母はずっと働いていて、自分の体重ぐらいある一升瓶のケースをお得意先に運ぶようなものすごくタフな人なんです。普段もすごくアクティブな人で、よくプールに連れていってもらったり、庭いじりが好きな人なので、そこで見つけた昆虫についての知恵をもらっていました。

――大童さんの人生最初の先生がおばあさまだった。

大童　あとは父の教えもこの頃は大きいですね。父は少年時代にボーイスカウトをやっていたため自然が大好きな上、東京農大の造園学課を卒業していたためか、我が家のガーデニングや、木工で何かを組み立てるということをチョイチョイやっていて。さらに言うと、家のリフォームも父主導で家族全員が携わるような家だったんですよ。基本「備えよ常に」、「自分の身は自分で護れ」と、生活にまつわる知恵を子どもの頃から随分と教え込まれていましたね。今日父から聞いたのですが、僕は保育園や幼稚園には通わず、毎週火曜日になると「お父さんと遊ぶ日」として、川や森に連れて行ってもらっていたそうなんです。

――お父様としては自然に触れることの大切さ・楽しさを学んでほしかったのでしょうか？

大童　たぶんそうですね。親からは「自然を大切にしなさい！」と言われたことはないのですが、きっと外で遊ぶことは楽しいんだぞと。父からは「刃物はちゃんと使え！」「火で遊べ！」と、ちゃんとした刃物の使い方、火の起こし方を伝授されていたので、僕も素直に弓矢を作ったり、火遊びしたりして、ひたすら遊んでいました。今ならこういう教えはとやかく言われてしまうでしょうけど、「習い、慣れる」という行為は大切。教わってないことはできないですからなんでも教わることは大事ですよね。

――アクティブな一面もありつつ、一方で大童さんのご家庭は文系家族とうかがっています。

大童　そうですねぇ……　文化的な知識は総量としては多くない気がします。ただ文系だった、というだけで。僕が小さい頃に描いた絵の中にチャップリンの後ろ姿の絵があるんですよ。それも確か3歳ぐらいで、そういう古い映画が日常的に家で流れている環境ではあって、僕も楽しく観ていました。

――確かキャロル・リード監督作『第三の男』（49年）をよくご覧になられていたと。ご家族が30～50年代のモノトーン作品がお好きだったのですか？

大童　家族が、というよりは母ですね。母は高校の頃から近代美術館のフィルムセンターに足しげく通っていたと話を聞くぐらい古い洋画が好きな、いわゆるシネフィルで。過去にスカした男から、映画にしつこく誘われて仕方なく一緒に観に行った時が本当に最悪だったという思い出話を聞かされました。「わかりもしないクセについてきやがって、ジャマだなぁ！と思っていた」と（笑）。

取材・文／田口俊輔

最終的に自分が楽しいことを
できていればそれが一番

——そうしたお母様ですから、大童さんも相当な数をご覧になっていた？

大童　いえ、好きなものを繰り返し観ていたので、両手で数えられるかどうかぐらい。その中でも印象に残っているのが『第三の男』、チャップリンの目の見えない女性が出てくる……『街の灯』(31年)は、ビデオが家にあったので、ちょいちょい観ていました。母は映画だけでなくアニメや特撮も好きな人なので、それ以外にも『未来少年コナン』、『宇宙戦艦ヤマト』、『ウルトラマン』といった作品を教えてもらい、これも繰り返し観ていました。そもそも我が家はテレビ本体がありつつもアンテナに繋いでいなくて、民放もNHKも受信できない環境だったんですね。必然とそうした過去の名作と呼ばれるものを目にする環境でした。

——では、家族団らんの時間は語り合うことが多かった？

大童　はい。ただ面白い話をしていた、という記憶はないですね。むしろ、家族の会話の内容が高度すぎて追いつけていなかった気がします。基本子どもの自分には理解できないものが多かった記憶が少しあるので。

——確か「オヤジギャグとは何か?」、ご家族で議論されていたとか。

大童　そうなんです(笑)。これが僕の覚えているギリギリ限界の内容。それでも今思うと大分難しい内容ですよね。ただ、僕の姉はこの難しい内容でもついていけたみたいですね。

——お姉さまはどういった方？

大童　姉は自分の意識に集中しすぎるあまり、周囲は気にせずひたすらに我が道を突き進んでいく人。僕は逆に周りの眼を気にして、おとなしくしているタイプと姉弟でも真逆でしたね。姉はある一時期まで僕より腕っぷしも強く、何より知識の吸収力が段違いに高く言語力に長けている人で。口喧嘩で言い負かされるとか、親への説得力の高さを見せつけられることが多く、そのたびにクソォ！　と思っていました(苦笑)。ただ、ずっと知識に対して貪欲な人で、その部分は今も尊敬しています。

姉と一緒に木に登り「お父さんと遊ぶ日」を満喫中の大童氏、5歳。

小学生のころの僕の口癖は『つまらない』。一週間のうちに6日は言っていました。

何事も"つまらない"時期を救ってくれた『BTTF』

——自然や、文化的な生活に囲まれ育った、少年時代の大童さんはどんな子どもでした？

大童　小学生ぐらいの頃の僕の口癖、「つまらない」だったんです。とにかくありとあらゆるものに対して「つまらない」と言っては、何事にも興味を示さないような子供でしたね。一週間のうちに6日は言っていました。

——満足できるものがなかった？

大童　いわゆる男の子が好きとされる恐竜も、車も、電車も、いわゆるメカにも、何も興味がなかったですね。一部、工作のように好きなものはあったのですが、それにしても「つまらない」対象が多すぎて。見かねた母が工作の本からいろいろと引っ張ってきてくれて、「一緒に作ってみようか」と、ボール紙を使ったスキージャンプのオモチャのようなものを作ったりはしていました。ただ、その楽しみが1日しか持たず、翌日からはまた「つまらない」と言う日々が始まる、みたいな。

——その「つまらない」の中で、ほんの少しでも自分の意識を変えるような出来事との出会いはありましたか？

大童　そうだなぁ……低学年の時に観た『バック・トゥ・ザ・フューチャー』(85年)は印象深く、今でもすごく大きい存在です。小学生の頃に書いた作文の中に、『BTTF』からの影響で「タイムマシーンを作りたい」ということと、自然が好きということが同居した内容の文を書いたんですよ。確か2、3年生の頃かな？　僕は全然漢字が書けないのではたから見ると幼いのですが、内容を見るともう一、二学年上でもいいような中身で(笑)。

——「タイムマシーンと自然を使って人の役に立ちたい」という内容で締められていますが、そういう想いがあったのですか？

大童　全く、その気持ちはありません(笑)。子どもの書く文章って、教師に喜んでもらおうとして、必ずしも本心を忠実に書いているわけではないじゃないですか。その教師に喜んでもらおう！という周りの空気、そして教師側のこうしたことを書け！　という空気にあてられて、こんな締めになっただけです。この作文のキモは自然好きである面とタイムマシーンをはじめとした理科・科学への興味の部分だと思います。

——なるほど。『BTTF』に惹かれた理由は？

大童　ん～……デロリアンの存在かな？　ただし、外観やメカとして好きというよりは、"ものづくり"という観点で惹かれたんだと思います。まず『BTTF』のオープニングって、朝になったら勝手に巨大なメカが動いて朝食を作るという、巨大なピタゴラスイッチみたいな装置が動く場面から始まるんですよ。そこからして惹かれましたね。また、デロリアンも"手作り"のマシンであるということが劇中で強調されているんですよ。次元転移装置の真ん中の三本のシリンダーがピシピシ！　としている感じとか、内装のスイッチがたくさんあるのを見ると、「これは人の手で作った物だな」と感じられて。先ほども出ましたが、僕は工作が大好きでドリルも使えたので、いろいろからくりを家で作ること多かったんですよ。その工作好きの延長線上にデロリ

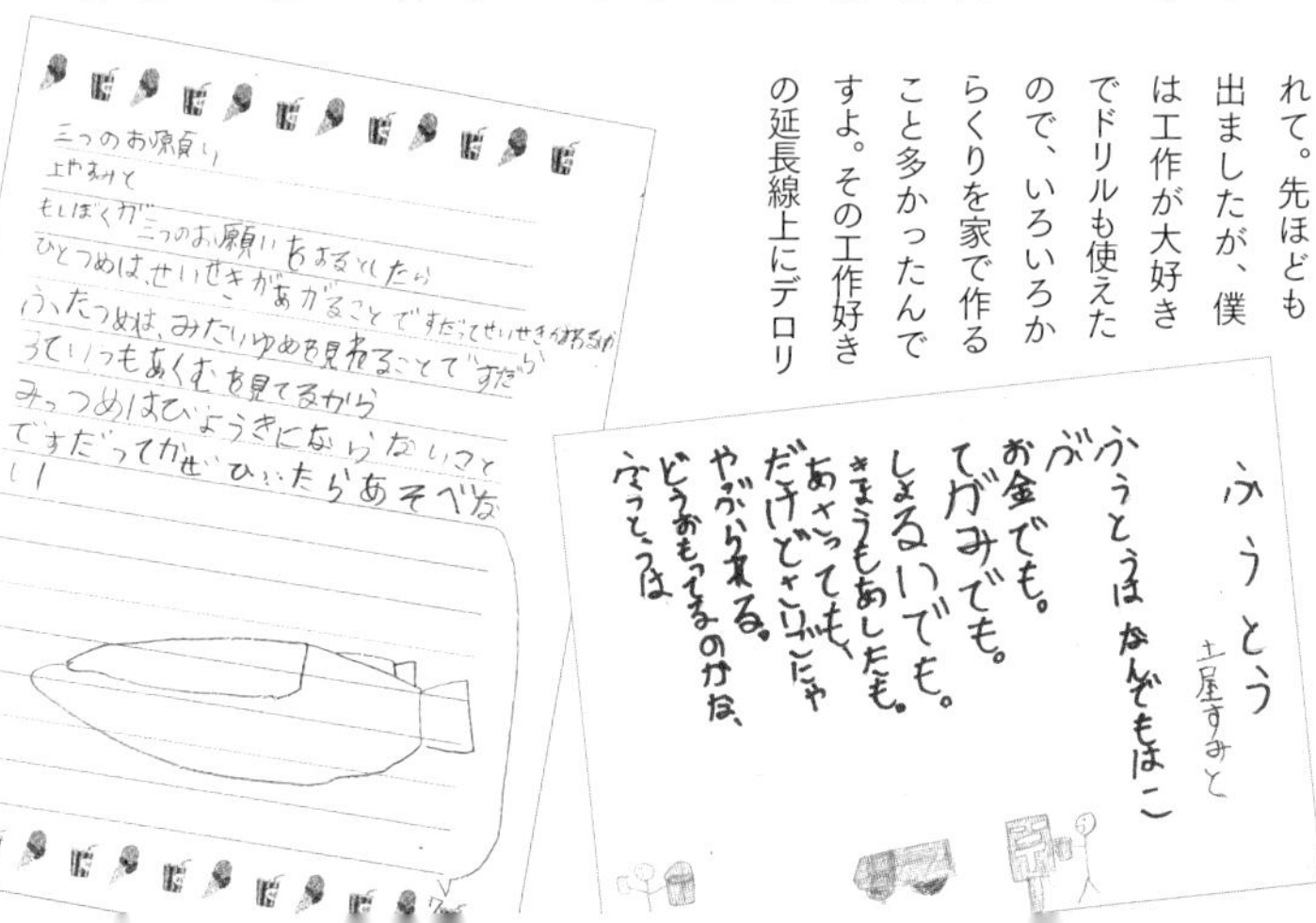

小学生時代の大童氏の作文。
この頃から既に独自の視点が光る。

アンがたぶんあって、『BTTF』がものすごく好きになったんだと思います。

――『映像研』にも繋がってくる、ものづくりへの愛情やメカへの愛情は"人が作った"という構造への興味が根底にあると。

大童　「どのように形作られているのか?」という観点では興味・関心があったんでしょうね。車や電車も、ガワではなくて「どういう構造で、どういう作り方をしているのか?」という紹介のされ方をされていたら、もっと早くに好きになっていたと思います。それ以外ならNHKの『しぜんとあそぼ』を観ている時ぐらいしか幸せではなかったですからね。学校にもなじめず、ずっと辛かったですね。

よく遊び、よく寝る様はまるで浅草氏のようだ。

「絵が特技に昇華できれば、人との関係性が生まれて、自分にとってもプラスになるのでは?」と

自分に変化をもたらすために始めた絵とアニメーション制作

――小学校の頃はあまり良い記憶はない?

大童　はい。僕は勉強も運動もできず、みんながができる当たり前のことすら自分には難しくて、常に劣等感に苛まれていたんです。決してコミュニケーション能力がないわけではなかったのですが、本当に注意力散漫で宿題が一向にできず提出できなくて、その都度「なんで宿題持ってこないの?」、「なんでテストの点数がこんなに悪くて平気な顔しているの?」と、クラスメイトから聞かれてはストレスとプレッシャーを感じていたんです。また、そのことが原因でイジメられていたこともあり、ほとんど学校には通っていませんでした。

――子どもってえてして残酷なことを無自覚に言いますからね。

大童　なんで?　どうして?　と無邪気に聞くのが子どもの特性ですよね。学年が進むとその無邪気さが、同調圧力のようなものになっていき、4年生頃になるとキツい言い方に変わりさらにヒドイ目に遭うようになりました。僕はイジメに遭うなどの環境を変えたくなるほど追い込まれては「もうこの学校ダメだ!」と思い、その都度親と相談して、引っ越しもかねて転校を何度か繰り返していました。正直、転校直前になると「もう宿題しなくていいんだ!」と開き直っていたんですね。そういう態度を見たクラスメイトからは「転校するからってやんなきゃいけないんだよ!」とメチャクチャ言われ、そのたびに「うるせぇなぁ!」と心の中で思っていましたね。まぁ明らかにこれは僕のほうが悪いのですが(笑)。

――アハハ!　転校することで、大童さんの環境は好転しましたか?

大童　いえ、特に僕の中での大きな変化をもたらすことはありませんでした。ただ、「これまでの自分にはなかったキャラクターで始めてみよう」という、新天地に向けて人生をリセットする経験はもたらしてくれました。結果的にはリセットできずダメだったのですが、それが今の自分に多少は活き、少しでも効果をもたらしてはいると思います。その「自分にはなかったキャラ」の中に"絵が上手い"という要素があって。この当時、姉が絵を描くことが好きで、パソコンを使ってお絵かきチャットやお絵かき掲示板で何か描いていたのを横目で見ていたんです。僕もそれをマネするようになり、「絵が特技に昇華できれば、人との関係性が生まれて、自分にとってもプラスになるのでは?」と、考え本格的に描き始めました。それが小学6年生頃の話だったと思います。

――意識して絵を描き始めた頃は、どんなテーマのモノをよく描いていましたか?

大童　いわゆるサイバーパンク的な、物や人と風景のセットの世界観を描いていました。この頃はFLASHアニメ全盛期で、「Nightmare City」という2ちゃんねるのAAキャラがサイバーパンク世界で戦う作品が流行っていたんですね。この「Nightmare City」以降のFLASHアニメって、雑居ビルや屋上から見る都市の景色が必ずと言っていいほど出てくるんですよ。僕はこういうものに憧れて描いていましたね。他ですと当時僕が吸収していたのは、帝国少年さんというイラストレーターさんがいて、もはや名前以上にその絵がネットミーム化しているんじゃないか?　というぐらいに有名な風景を数多く描いている方がいて。

――有機と無機が入り混じった架空の世界を緻密に描く方ですよね。

大童　この方の影響はものすごく大きいですね。このメチャクチャに詰め込まれた感じがいいんですよ。この二つに共通することはやはり「風景」で。この時に僕は風景を描くことが、キャラクターを描くより好きなんだなと自覚するようになっていましたね。

――幼少期は構造への興味はありつつも、造形への興味がなかった大童さんが、ここにきて建造物が並ぶ風景に惹かれた理由は?

大童　一言で言うと姉の存在です。姉が「コレは良いもの!」と言ったものは良い!　という刷り込みがあって(笑)。僕はとにかく姉の"おさがり"をもらい続けているんですよ。

――そのおさがりはどういったものですか?

大童　例えば姉が図書館で借りてきた手塚治虫の『ブラック・ジャック』を一緒に読んでいました。正直その当時は僕には難しくてわからなかったですね。

――小学生の時分ですと、生の倫理みたいな話への理解は難しいですよね。

大童　そうなんですよ。ただ姉はすでに理解していました。やはり地頭がいいんでしょうね。他にも、僕は幼い頃『風の谷のナウシカ』が正直怖くて苦手だったんですけど、姉は小学生の頃

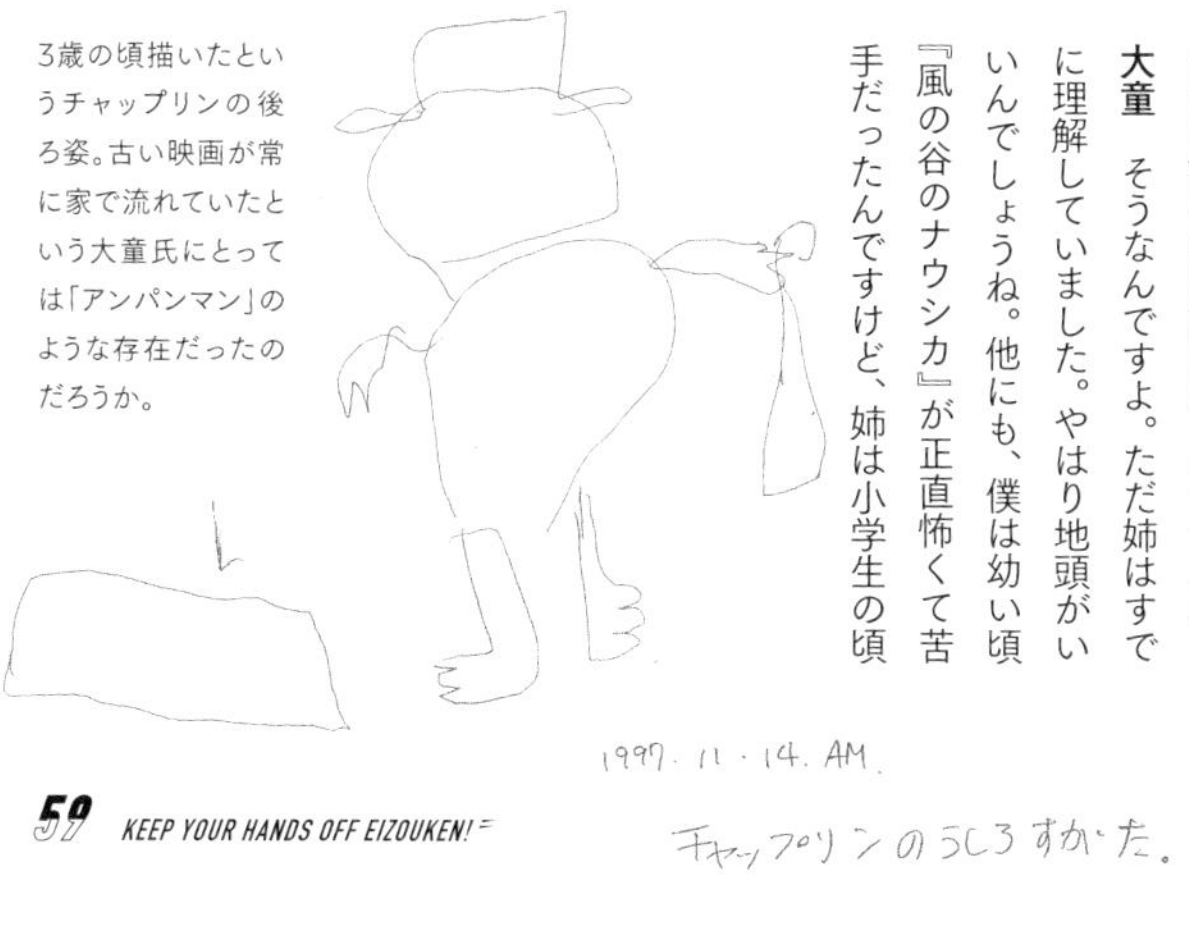
1997.11.14.AM.
チャップリンのうしろすがた。
3歳の頃描いたというチャップリンの後ろ姿。古い映画が常に家で流れていたという大童氏にとっては「アンパンマン」のような存在だったのだろうか。

にはすでにあの世界観にハマっていて。しかも『天空の城ラピュタ』を観る目も違っていて、劇中に出てくるスチームパンク的ガジェットや、水没した都市、20世紀初頭のファッションの良さに感づいていたそうで。そこから村田蓮爾さんのイラスト、村田さんがキャラデザした『LAST EXILE』や、『スチームボーイ』などのスチームパンク世界にのめり込んでいくんですよね。自分は何が好きなのか？ それをすぐに自分で理解してそちらへと進める人で、何事も興味を見いだせない自分にはない能力でうらやましかったですね。さらにサイバーパンクや、九龍城のような中華風の世界観にものめり込み、塚原重義さんというアニメーターがやられているサイト「弥栄堂」に描かれた絵のレトロフューチャー的なものを吸収していった先で、押井守の『イノセンス』に中学時代に巡り合ったそうです。この前本人から聞きました。こうした姉の"おさがり"を僕もマジメに観ていたんですけど、正直高校ぐらいになってやっと「こういう話だったのね」と気づく、みたいな(笑)。

母の真っ直ぐな教えのおかげで楽になれた発達障害の診断

——過去にTwitterでも呟かれていましたが、大童さんは発達障害であることを公言されていますよね。

大童　はい。そのことを知ったのは結構段階があって、まず姉が少し変わった人で、親が心配して病院に連れて行ったことをキッカケに家族で心についての勉強するようになりまして。加えて母は、よく統合失調症の方から相談を受けることが多かったそうで、それに対して真正面から取り組んでいたそうなんです。また別の話ですが、父は手話ができて今では手話講師もしていて。いわゆる障害を持った方との触れ合いに抵抗がない家庭だったんですよ。その後、姉が発達障害だと診断され、これは家族も全員そうだろうとなり順番に診断するようになりまして。僕もこの時に「グレーゾーン」と診断されました。ここから精神医学にまつわることの周辺知識を母が、さらに学ぶようになりまして。そこでいろいろと心や脳について、母はよくカウンセリング的なことをしてくれたんですよ。他にも「悩みがあるんだけどさぁ」と話を振ると、その話題について延々と話をしてくれるので、何かにつけて母とは会話をしていました。

——障害にまつわる話や教えを良しとしない、躊躇してしまう家庭がある中で、忌憚なく話せ、学びにできるのは良い環境だと思います。

「どうすれば社会に馴染めるのか？」「何が自分を苦しめるのか？」ずっと考えていた。

大童　母親は、なぜそこで言葉を濁す？ なぜ嘘をつく理由があるのか？と、一拍置く教えに関して抵抗がある人なんです。僕が小さい頃に「子どもってどうやってできるの？」と質問した時、安易に「コウノトリが運んでくる」という回答に逃げず、「男の人と女の人がセックスして生まれる」と、そのまま教わりましたからね。そういう人なんです。このストレートさのおかげで、僕はハンディキャップがあると自覚できましたので、かえって良かったんだと思います。

中学～高校時代。人生の暗黒期から創作への本格的な目覚め

中学時代は世間と自分のズレを気にしながらずっと生きていた

——中学生時代の想い出はどういったものがありました？

大童　それが中学の頃は完全に"失われた時間"だったので、何も話せません。僕の中で時系列を探る上で重要なテーマが「交流」で。誰とどう遊んでいた？ とか、この頃遊んでいた子はどういう子だった？ この子に教えてもらった曲はどうだった？ という人との記憶と自分の記憶の時間軸がセットになっているんです。それが中学の頃は友だちが一切いなかったので、全然ボンヤリとしてしまっていて。その辺りの時期は、ボンヤリとひたすらに絵を描いていたという記憶はあるのですが、この時何を発表していたか？とか、ブログに何を書いていたのか？全く記憶にないですね。ブログに関してはデータを取っておいたのですが、全データを保存していたUSBを電車の中に置き忘れてしまって(苦笑)。USBがあればちょっとは埋まるんですけどねぇ。

——面白い・つまらないの記憶すら呼び起こされることがなかった？

大童　そうだなぁ……あっ！ 中学の時に一度、学区外の中学に一瞬だけ行ってみたことがあって。その時は最初から、社交的にいろんな同級生に声をかけてフレンドリーに接してみようというチャレンジをしてみたんですよ。初日から何人かとはメールアドレスを交換するぐらいに交流できたのですが、僕がやっていたブログに「あんまりお前、調子に乗るなよ」というコメントが書かれていて。それが誰かはわからないですけど明らかに最近僕のことを知った人の言い分じゃないですか。この瞬間、「もうこの学校いいわ！」って、その翌日から行かなくなりました(苦笑)。結果、中学時代が一番不登校でしたね。不登校の子が集まるクラスには度々行っていましたが、時系列で覚えているほどのことは何も起こっていませんでした。ただ、こうして取材して人と面と向かって話せる素地みたいなものは、この時の経験がベースになっている気がします。

——そこは小学生の頃とはだいぶ変化しようという、大きな一歩だったのかもしれませんね。

大童　そうでしたね。ただ、自分を見つめ直す時期ではありました。発達障害もあり、小学校高学年頃から、世間と自分のズレを気にしながらずっと生きていたため、自信が全く持てていなかったんです。そのため「どうすれば社会に馴染めるのか？」「何が自分を苦しめるのか？」ということをずっと考え続けていました。あとは、勉強への興味が湧いてきたためか「頭の良い友達が欲しい」とも、しょっちゅう考えていました。正直自分の周りがバカにも見えて、「他者を見下すことで何

かを突破できるのか?」や「見下さずとも他者が自分のことを尊敬する特技があれば自分は自信を持てるのか?」と、考える毎日でした。その特技の中に絵があったので、りょーちもさんというアニメーターの方のWebサイトに触発されて父親が手話の教材を作るのに使っていたPhotoshopを貸してもらい、ちょいちょいGIFアニメを作っては、自分の自信に繋げようとしていましたね。

映画部で作った映画は間違いなく日本一だった

――失われた中学時代の後、高校入学後に映画部に入部されたと。人との関わり合いを避けてきた大童さんが、映画作りという人と作り上げていく部に入ったのは意外でした。

大童　この頃には多少なりとも人付き合いの気持ちが変わっていました。ただ当初アニメを作れると思い入部したら実写のみだと聞かされ、しかも入部初日に顧問から「来秋までに一人一本脚本を書いてきてください」と言われてマジか!?って、スタートから面倒だなとイヤな気持ちになっていました。正直映画は「一人で作れるものだ」という意識があったので、課題の脚本では監督・出演・演出・編集、全て自分でできるようなものを作ったんです。しかも脚本に集中するあまり、勉強が全くできなくなってしまって、最初の台本を提出すると共に一度「辞めます」と言って辞めました。

――映画作りはここで終わってしまいました?

大童　いえ、退部から1年後に再び誘われて再入部をしました。その時に僕が監督で1本映画を作ったんですよ。そこでは、役者はみんなにやってもらいながら、撮影・編集・絵コンテ・監督・プロデューサー的なことの全てを僕が一人でやって。脚本も顧問が作ったものを僕が手入れしたりして、役者としても少し出たので、全てのセクションに関わっていたんですね。映画は7割ぐらい一人で作れるなと、改めてそこで感じました(笑)。

――それはスゴイ。その時に作っていた映画はどんなものでした?

大童　最初の段階ではラブコメだったのですが、顧問に「脚本も自分たちで作らせろ!」と抗議して、そこでいろいろと内容が変わりました。まず1本目がハードボイルドかつ辛気くさい内容の作品。それと並行して作っていた作品が非常に大変で、撮影に2年かかり、結局完成せず、編集だけ必死にやってなんとか形にしたんです。あらすじは……僕はあまり好きではないんですけど、リストカットした仲間を助けられず、数年後も同じ状況に遭遇してしまったため、何がなんでもその人を助け、手を差し伸べるという強い信念を持ったためボロボロになっていくヒーローの物語で。

――そう聞くと学生映画!　って感じがしますね。

大童　それがその後、「数千年後、世界は崩壊していた!」という展開を見せるんです(笑)。

――世界線が飛躍した(笑)。

大童　そういう映画をひたすら撮っていました。血のりやら何やらまで自分たちで全て手作りして、準備もメチャクチャにこだわって。そこまでやったぶん、この当時の高校生が撮った自主映画の中では日本一の映画だったのは間違いないと思います。撮影方法や演出の仕方など、指導する人がいない中で、高校生が作った映画の中では、まず一番ヤバイと言いきれるぐらいの大規模な作品になりました。

――普通部活の映画作りって1年で1本ペースだと思いますが、年度をまたいで製作するって、とてつもないですね。映画作りの楽しみを知った先に、自分の将来に映画関係の仕事に就きたいという欲は芽生えました?

大童　ワンチャンあれば、とは思っていました。撮影している時はすごく楽しかったんですよ、高校卒業後も部活に顔を出して映画製作を続けていたぐらいなので。それに、正直こういう人間なもので、普通に企業勤めをするのはまずムリだろう、自分が将来まっとうに就職するのは難しいだろうな思っていて。その中でもし可能なら、映画業界に携われたらな……という想いはほんの少しだけありました。

――例えば自主映画を撮って、コンペに出すことは考えたりは?

大童　やってやらんことはない、ぐらいのレベルでした。ただそこまでアクティブではなく、その先に大きく開いて待ち構えているなら飛び込みたいなというぐらいで。それぐらいの気持ちなので、重い腰は結局あがりませんでしたね(笑)。

> **自分の好きなものはいろんなところに点在しているはずが、実は一箇所にまとまっているんだなあって。**

「自信のある・なしに根拠はないならば勝手に持てばいい」

――ある種のモラトリアム期間を経て、社会と自分の中の自信について、バランスのとり方は見つかりましたか?

大童　はい。19歳頃になり、これから自分の自信のなさとどう向き合うか?と相談した際に、「自信のなさには根拠がそもそもない、つまり自信を持つことも根拠がない。なら勝手に持てばいい」と、母とのカウンセリングの中で導きだしてからは心が軽くなりましたね。母は決して明確な答えを提示し、教えてくれることはしないのですが、話し続ければ自ずと自分の中で何かが導き出されるという、カウンセリングの基本的なことをずっとやってくれまして。決して明確な答えではないとは思いつつも、なるほどそうかと腑に落ちたんですよ。

――長年苦しんでいたことに、どんな形であろうと一つけりをつけられるのは良いことですよ。

大童　ですよね。一つの指標として、ベースにこうした考えがあるのはいいのかなと。これからもひたすら考え続けていくと思います。

美術学校時代、アニメ制作、同人誌……デビュー前夜

吉田健一の圧縮されたパース キャパの眼差しに衝撃が走った

――東洋美術学校へ進学されますが、今まで描き続けてきた絵と映画、そのほかの事由を天秤にかけて、絵画を学ぼうと思われたのでしょうか？

大童　無難なところを選んだ、というのが一番です。高校卒業手前辺りから、僕は自分が進む道の答えとして、障害者雇用枠のある一般の会社に勤めるか？　映画関係に携わる方向か？　アニメーション関連の仕事に就く方向か？　大学に進んで勉強を続けていくか？　の四つの選択肢で迷っていたんですよ。大学は、より高度なことを学びたい気持ちもありつつ、高校時代ですら勉強が困難な状態で。しかも、高校在学中本格的に発達障害だと判断されたこともあり、このままでは難しいだろうと思い、この先の人生で自分なりに学習を進めようと断念したんです。そして映画監督にしても、アニメに関しても、絵を学んでおくことはコンテ作りなどでプラスになると思い、明確な将来の答えを先延ばしにするため、映画学校、アニメーションの専門学校ではなく絵画の専門学校を選んだ、という感じです。

――本格的に絵を描いて学ぶ経験はいかがでした？

大童　今まで絵は完全に独学だったので、入学前に姉に相談して基礎的なものを学んだんですよ。それでも、とにかく周りが上手かったという印象ですね。自己流でしたが高校生の頃は、校内で5本の指に入るぐらいの絵の上手さはあったはずなんです。ただ、絵が本当に上手いヤツって本当に隠れていて。Twitterを眺めていると時折、学生で化け物みたいな上手さを持った子がいるのを見ては「あぁ、世の中にはやはりスゴイヤツがいるんだな」と知るわけです。その化け物級の上手い絵描きが美術学校には集まるんですよ。その中には当然講師もいて、その化け物級の人がたとえ古臭く自分にとって眠いアドバイスをしたとしても、そこには何かしらの説得力があって。それが直ちに実になることはなかったのですが、今になって「うわぁ！　あの時言われたことって、コレか！」ということがよくありますね。

――この頃に多く題材にしていたテーマは？

大童　この頃は荒廃した世界をひたすら描いていましたね。僕が授業中に描いた、鹿と人との絵は「荒廃した世界と自然」というよくあるモチーフで、高校ぐらいからよく描いていて。ただ、一つも完成していないんですよ。正直僕は筆が遅く、通っている間に完成できた絵というのが、夏休みの課題だけで。卒業制作も未完成のままで提出したんです。

――以前、大童さんの配信番組「シロナガスたぬき」の中で、卒業制作の絵について語っていましたね。

大童　卒業制作は、僕の好きなアニメーター／イラストレーターの吉田健一さんの絵に影響されています。僕は『交響詩篇エウレカセブン』が大好きで、吉田さんのホームページにエウレカの主要人物が街中を歩く絵があったのですが、その絵が衝撃的で！　もう、メチャクチャ上手いとしか言いようがないんですよ‼　その絵はいかにも写真的な望遠で撮ったような奥行きが圧縮された絵なんです。パースを勉強しはじめて絵を描いた人は、構図を真面目に捉えてしまう傾向があって。ただ、この絵は地面が斜めになり、建物も歪んでいる。なのに、この世界はこの形こそ自然な形なんだ！　と説得力をもって描いているんですよ。ここに閉じ込められた空間のようなものを再現したくて、僕は卒業制作を描いたんですよ。加えて、写真家のロバート・キャパの影響も大きいですね。

――『映像研』の中にもキャパをモデルにした「ニャパ」という写真家の作品が出てきます。

大童　『エウレカセブン』第4期エンディングが、戦場写真を題材にしたものでして。

――確か、作中の登場人物とは関係ない、市井の人が争いに巻き込まれた写真が映し出されて行くエンディングでしたね。

大童　そうそう。我が家に母が購入したキャパの写真集があって、僕はそのエンディングがまるでキャパの作品のようですごく衝撃的だったんですね。そうしたら吉田さんが、キャパの『難民の少女』をオマージュしたエウレカの絵を描いていて。僕はこの絵を見た時に「あの写真だ！」と気づき、「吉田さんもキャパが好きなんだ！」と、自分の好きなものが一気に繋がった気がしたんです。しかも後年に吉田さんからTwitterのリプで、「宮崎駿から『パースに従いすぎると空間が死ぬ』と教わった」と伝えてくださって。実は僕も宮崎駿作品を観てきたおかげで、同じようにパースに従いすぎるなと教わっていたんですよ（笑）。影響の受け方って面白いですよね、自分の好きなものはいろんなところに点在しているはずが、実は一箇所にまとまっているんだなあって。

――それは面白いですね。別の軸にいたと思っていたものが実は線で繋がっていたと。

大童　そうなんですよ、引きあうんですよね。オタクムーブとして、好きなものを無差別に手繰り寄せていくという方法があると思いますが、僕は「これ、好きだなぁ」と思って探っていると「アレ？　実はここも繋がっていたんだ」と後々に知ることが多いんですよ。以前対談した漫画家の石黒正数先生とも、SF好き、藤子・F・不二雄好きという共通点で繋がって。石黒先生とお話をしている時はずっと「うん、やはりそうだよなぁ。わかるなぁ」ってなっていましたね（笑）。

誰も見たことがない 無重力の動きは "引きだしてくる"ことで解決

――現在、自作アニメをご自身のYouTubeチャンネルで公開されています。アニメ作りは以前GIFアニメを作っていらっしゃいましたが、本格的なアニメ作りの学びはどのようにされていたのですか？

大童　細田守監督の『時をかける少女』や、『ルパン三世 カリオストロの城』の絵コンテ集を見ながら絵コンテについて学んで、映画を観ながら構図を勉強し、あとは『マスターショット』という

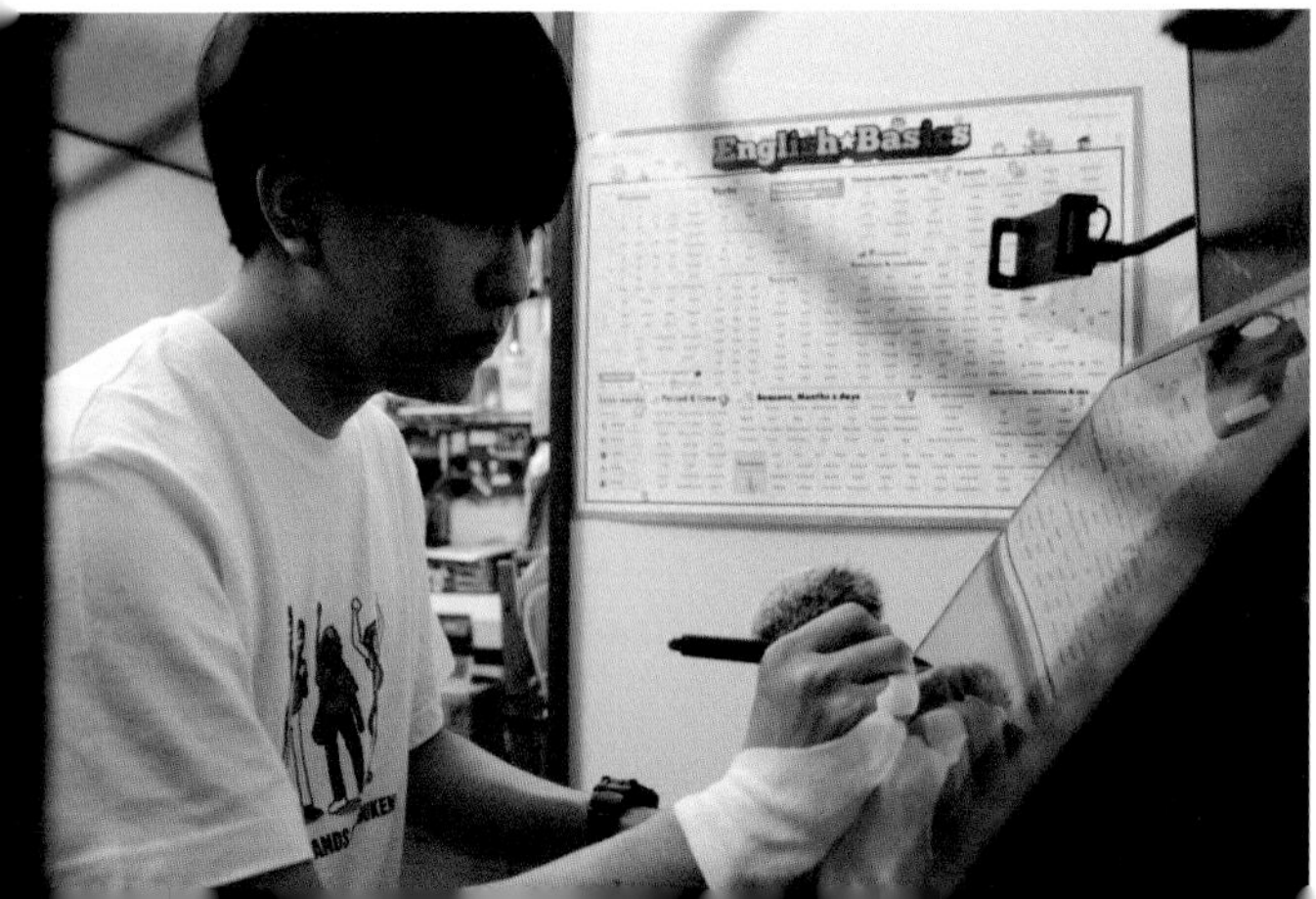

「このカットはどういう意味・意図で撮られたか？」を説明する本を、ひたすら読んでいましたね。ただ『マスターショット』は死ぬほど読んでもその時はなんの役にも立たなくて。ただ、今になってふと目を通したら、神の本に変わっていました。人生ってそういうものの繰り返しですよね。教わっている時はなんの学びにもならず、いざ実践して自ら経験することで何もできずにいた時にふと目を通すと、メチャクチャためになることが書かれていたなということが多いんですよ。アニメ作りのためにいろんな知識を入れようと様々なものを買いましたが、購入当初は役に立たないものが今の自分には必要だったりするので、面白いものですね。

――アニメ制作の際に自分に課したものってありましたか？

大童　「しつこいぐらいに描く」というのは強く意識していました。宇宙空間の浮遊感や、物体を蹴って体が移動する際の向きや速度感、体を捻りながら飛んでいく姿……とにかく全て微細に描こうとは思ってました。

――相当緻密な動きを描かれていて驚きました。何か参考にされた資料はありました？

大童　いえ、自分の中の感覚だけで描いていました。宇宙空間における人や物などの挙動を事細かに描写した、映画やアニメーションがそもそもあまりないんですよね。

――NASAの船外作業動画でも、あまりないですよね。

大童　そう！　なので宇宙空間での動きに関しては、完全に僕の想像上のものなんです。

フィクションの〝ウソ〟がキライで、あらゆるものを記号化してほしくないんです。

――すごい！　それであれだけの動きを描写できるのか。

大童　物理運動の感覚を覚えているかどうかが大きいんですよ。ようはその感覚を〝引きだしてこられるか？〟の問題だと思っています。例えば『映像研』の中にもそういう〝引きだしてきた〟場面を多く描いていて。浅草たちがスーパーの前を歩く場面（1集P55）のスーパーは、奥にエスカレーターがあり、店先には自販機、カゴが置いてあり、白いトレーの回収ボックスが置いてある。その脇には買い物客の自転車があって、道路には縁石があり、ケーブルチェーン型のガードレールがある。僕はこの場面の全ての要素をなんの資料も見ずに「スーパーとはこういうものだ」という記憶を引きだしてきて描いているんですよ。この場面を見た時に、「スーパーとはこういうものだ」と自然に理解してもらえたはず。そう理解できたということは、人はスーパーとはどういう場所でどういうもので構成されているのか、周辺の景色はどうなのか？　というのを、それぞれの形ではありつつ記憶しているわけです。とはいえ、「スーパーを描いてみて？」となった時に描いてみると、忠実に描けないということがよくあるわけです。なので、覚えていたものでもちゃんとその場に〝引き出せる〟か？　これが重要なんです。

――なるほど、誰しもが船外で作業する人間の事細かな情景は見たことはありませんが、想像上の「宇宙における動き」という集合知は多くの人が持っていますからね。

大童　そうそう。みんなが想像する「宇宙の浮遊感」に訴えかけることはできると思って。ただ制作の工程が、まず絵コンテを作りワンカットずつ絵を描いて、数日かけて3秒の動画ができる、という流れでしたからね。正直これでは終わらないなと（苦笑）。

――描写の忠実度・再現度からか、2年がかりのアニメは2分半で未完という形になりました。

大童　結局、絵画同様完成できませんでしたが、この時は「勝ったな」と思えたんですよ。少なくとも自分と同年代に、一人でアニメを作りここまでのレベルに到達した人はいねぇだろと自負していたんです。確かに全世界くまなく探せば自分以上にメチャクチャ上手く、能力の高い人はいるでしょうが、自分が作りたかったものをこのレベルで描けたのは自分ぐらいだろうと。しかも宇宙空間を舞台にしたSF作品をここまでやるヤツ。一人でのアニメ制作ってどうしても、日常芝居やド派手な剣戟シーンがあるバトルものに着地するんですよね。

――ほかにも、少女がひたすら走る作品が多い気がします。

大童　そうそう。僕はそういったものに抵抗を感じていたんですね。確かに僕も子どもの頃にGIFアニメでそういうのは作っていたんですけど、このアニメに関しては自分が作りたいものを描きたいなと。宇宙空間を舞台にしたSF、そして人が死ぬ話……伝わりきらないと思いますが、あのアニメ、人が死ぬアニメなんです、そこまで到達しきれなくて（笑）。

――途中の描写で死の匂いが漂っていましたが、まさか本当にその通りだったとは……

大童　そんな感じだったので、自分のやりたいことをちゃんとやった時点で、何かに負けることはないんですよ。あれは二十歳前後の僕がやりきれることの全てを出した一つの臨界点みたいなものなんです。確かに完成はせず、今ならもっと先を描けるとは思いますが、あの時点で描いた時に僕は劣等感を感じることは一切なく、むしろどこに出しても恥ずかしくない作品だとは思っています。

初の同人誌『ウサゴギ』は紛うことなき傑作

――2年かけたアニメ制作を経て、その後、「科学少女隊」というサークルを立ち上げ、初の漫画『ウサゴギ』を描きました。アニメ作りから、漫画へとシフトした理由は？

大童　絵コンテを直接作品にしてしまうのはどうだろう？　と考えた時に、それなら漫画を描こうと思いついたんです。

――絵コンテの作品化＝漫画？

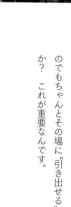

大童　アニメの制作スピードでは、自分の作りたいものの速度が追いつかないとなり、絵コンテをもうちょっと詳しく描けば漫画になる、作品になるなと思い、「じゃあ、漫画を描いてみるか」となったんですよ。では作業速度が早くなったか?　となると全然。これもアニメ同様、背景とかポーズもすごくこだわった結果、一コマに何時間もかけるようなこだわりを詰め込んだ作品になっていて。例えば、「リュックを背負う」という動作一つでも、多くの漫画では「背負う」という記号を、既に背負いきってショルダーの部分に両手をかけている、という表現で表しているんですよ。けど、僕はその方法論がキライで、「リュックを背負う」最中の動作を描いて表現しようと思ったんです。

――いわゆる「よっこいしょ」の「しょ」の部分ではなく、「よっこい」の部分を描きたかったと。

大童　言葉にするとそうですね。本当は『映像研』でもこれをやりたいんですけど、まあ時間がかかって大変なのでやれずじまい(笑)。僕は全編にわたって、途中の動作やダラッとした力の入り方の状態さえ描ければ、それで「勝ち!」と思っていたんですよ。

――その自然体を描こうとしたのは、いわゆる高畑勲的な「フィクションの中の日常を鮮明に刻む」という意識があったからですか?

大童　どうだろうなぁ?　フィクションは好きなのですが、フィクションの"ウソ"がキライで、あらゆるものを記号化してほしくないんです。わざわざ「よっこい」の部分を描いているのは、アニメでは普通なら省略されてしまう部分も描きたかったんだと思います。この中に出てくる物を渡す場面でも、ハイと渡されたものを相手が掴む寸前のところを描いていて。僕はそういう部分が単純に好きなんです。人間的な動きの瞬間を切り取るという行為が「動画的」だと思ったのも大きいですね。僕はこの『ウサゴギ』でアニメーションをやろうとしたんです。そういう時に「よっこいしょ」の「しょ」を描いたらアニメにならないんです。

――同人誌即売会「コミティア」に参加した際に、今のスピリッツ編集部に声をかけられたと。どういったシチュエーションだったのですか?

大童　2、3回目の参加の時だったかな?　この頃は障害者向けの職業訓練校に通い始め、創作活動と並行して就職活動をしていたんです。そんな時、初代担当を務めてくださった編集さんがスッとブースに来られて、「これ、拝見してもいいですか?」と言われたのでどうぞと。僕は普通にお客さんだと思っていたので、ボンヤリと眺めていたら、「一部ください」と言われ購入されたんですよ。そうしたら名刺を渡され「スピリッツ編集部の者です。漫画連載に興味ありませんか?」と唐突にお誘いをいただいて。「えぇっ?　はぁ……考えたこともないですね……」とひたすら混乱し呆気に取られていましたね。

――就職を視野に入れる中、しかも初作でいきなり声をかけられたら、そういう反応になりますよ。

大童　内心メチャクチャ嬉しかったですね、ここでも「勝ったな!」と思いました(笑)。僕は自分で満足できたものを作れるかが何よりも重要だと思っていて、『ウサゴギ』は間違いなく良いものができたと自負しています。世間でどう思われようと関係ない、僕の好きにやりたいことが完全にできた一冊なんですよ。『映像研』は商業誌で連載している以上、世間で評価されることが大切になってくるので、描き終えたものに一喜一憂する部分もあって。ただ『ウサゴギ』は一喜一憂をせず、僕が自信を持って描きたいことを描いただけの作品なので、そんな作品が商業の入り口になるということは、もう「勝ったな!」以外の気持ちしかないですね。とは言っても不安もあり、2ちゃんねるの漫画板で「同人会場でスカウトされることってある?　声かけられたんだが、どうしたほうがいい?」と聞いてみたことがあって。やはり「そういうのは大抵詐欺。断れ!」という回答が飛んできました。

――ロクでもないなぁ(笑)。

大童　いやいや(笑)。確かに同人ゴロが作家騙して金を持ち逃げするという話は聞いていたので、あながちウソではないんです。一方で「名刺があるなら信頼したほうがいい」とか「滅多にない機会だし会うだけ会ってみたら」と背中を押してもらえて。忠告・応援の両方ともありがたく受け取り、そこで僕は腹を括ってお会いしてみようと決めたんです。その時に母の言っていた「自信がある・なしの双方に根拠はない」という言葉が活きてきたんですね。僕は浅草のように、とにかく新しいチャレンジが大嫌いで、何に対しても消極的で不安がる人間で。怖い気持ちは当然ありつつそんな自分を克服したく社会勉強と今後の何かにネタになるだろうという考えも兼ねて、一発飛びこんでやろうとお誘いに乗りました。恐れを知らないほうが人生はわりと楽になるという気の持ちようでしたね。

「読者の期待を裏切らないように」という考えが時に邪魔になってしまうんです。

『映像研』始動。デビュー4年、そしてこの先……

『映像研には手を出すな!』は、まだ『ウサゴギ』に到達していない

――その勇気ある飛び込みから、はや4年……連載が注目を浴び、数々の賞を受賞し、2020年にはアニメ化され、そのアニメがさらに話題を呼び、そして実写化……もはや何連勝どころの騒ぎではない状態です。

大童　もう呆然ですよ。正直言いますと未だに実感ができていません。いろんなところで「買っていただきありがとうございます!」とか「アニメ化、ありがたいことです!」とは語っているのですが、実は喜びの感情がわからない。上手くいかない時の気持ち、「なにくそ!」という経験はこれまで散々してきて。その逆に、成功や喜びに対する気持ちが持続的に体験できなかったため、「嬉しい気持ち」という感覚の掴み方がわからないんですよ。挫折や成功の体験を良い塩梅で受けた上で、アニメ化や実写化が決まったなら「ヨッシャー!」と喜びもひとしおだと思うんです。ただ僕は全てが突然だったので、よくわからなんなぁ~……というのが正直で。スピリッツ編集部もビックリだったと思いますよ。

左のコマがいわゆる「よっこいしょ」の「よっこい」の部分。

——言い方は雑かもしれませんが、はたからは絵に描いたようなとんとん拍子に見えますからね。

大童　いやぁ、その通りですよ。『ウサゴギ』を描いている頃は、誰かに迎合するものではないと思いながら描いてきて、売れる・売れないを意識することが一切なかったので、そのままの精神性のままきてしまい、デビュー作が当たってしまったとなって「ん？」となってしまって。未だに「これは正解なのか？」と理解できていません。当たったことへの嬉しさ以上に、リアルな感情としてはこの先の不安が強く、「たぶんこの後に落ちるんじゃないか？」と先回りして身構えている状態です。今の内に金はシッカリ貯めて、税金もシッカリ払い追徴課税のようにして、この後何年生きられるか？　というシミュレーションは常にやっています。

——リアリストですね。加えて、今が楽しさを原動力に描いているからこそ、この楽しみのモチベーションを永遠に保つことができるのか？　というのも命題になってくる気もしています。曇りなく今は楽しいという感情だけで突き進めていますか？

大童　いや、それはもう1集を描き終えたあたりから、それができなくなっています。僕が持っている唯一の財産はこの『ウサゴギ』だけ。これは紛うことなき名作である、自分が好きなように描くとはこういうことだ！　という形を僕は『ウサゴギ』の中で出し尽くしているので、今描いていることと『ウサゴギ』を比べられるんです。これを描いていた時の全能感や、こんなに素晴らしい案や構図がどんどん出てくる！　という感覚が、今『映像研』の連載では得られていないのが正直なところで。楽しく描けてはいるものの、僕の中には『映像研』に足りていないと感じているものがわりと明確に存在していて、まだ『ウサゴギ』には到達できていないんです。

——逆に伸びしろがあるという証拠だと思いますが。

大童　そういう見方もあるかもしれませんね。変な話ですが、今『ウサゴギ』の続編を描けるとしたら、足りないものを全部埋めて、読者も意識しつつ、メチャクチャ面白いものを描けるとは絶対に思っています。僕がこう強く言えるのも、まだ「職業：漫画家」の心ではないからだと思っていて。しっかりと漫画を仕事として描いている方からしたら、制約がなければ俺は面白いものを描ける!!　という主張なんか「何もできないクセにダサイ」と聞こえるはずなんです。ですが、僕は読者にとって面白いと思っていることは二の次、三の次という気持ちがあって、「読者の期待を裏切らないように」という考えが時に邪魔になってしまうんです。自分がやりたいことと商業のバランスを今も編集の方と話しながら探っている最中です。

広がり続ける世界へと導くために緩やかなスロープを作りたい

——今現在、『映像研』に注力されている中、制作の課程で浅草のように、未知なる世界がどんどん広がっているという実感はあったりしますか？

大童　そうですねぇ、ほとんどよそ様の影響なのですが、僕の描いている漫画の世界って全てが地続きだと考えていて。例えば『ウサゴギ』に出てくるガソリン臭いラーメン屋が『映像研』にも登場していたりと、それぞれの時代は違いますが、全て同じ場所を舞台にしているんです。もうなんでもアリだと思っていて、その世界を押し広げていく新しいネタはいくつか湧いてきているんですよ。

——そのフォーマットは漫画ですか？　それともアニメ？

大童　正直どれでも大丈夫です、ただ手軽であればいいかなと（笑）。アニメで僕が監督を担当するのは正直能力的にムリですが、原案や設定のような深い形で携われるならいいかなと。実写なら実写でのやり方もありますし、小説という形になるならいくらでも描き方はありますし。あとゲームというフォーマットもいいですね！　最終的に自分が楽しいことができていればそれが一番。ただ、漫画家としての広がりが今は大きくなってきているので、今では漫画という選択を取るでしょうね。

——『映像研』が終わってから世に出る形でしょうか？

大童　さぁ、どうでしょう？……って含みをもたせた言い方になってしまいましたが全然そんなことなくて（笑）。僕は「戦略的」という話が好きで、戦略的に漫画家として活動するならば、『映像研』の連載中に何本か短編を発表すればいいのかなと。読者は作者に対するイメージを、強い作品の一本だけで「こういう作家」だと捉える傾向にあるんですよ。仮に新連載を始めた時、『映像研』のイメージが強く残りすぎるあまり、次回作で落差が生まれる……僕はわりと人がたくさん死ぬ作品が好きなので、そういう作品を描いたとすると、「自分の趣味とは違う」と、付いてきてくれる人がガクッと減ると思うんです。そこで違う色の短編をいくつか発表できれば「この作家はこんな色も出せるのか」と緩やかなスロープが作れる。なので『映像研』が連載されているうちに、『映像研』が読めるという読者の安心を持たせつつ、徐々に別の表現に慣れていく道を作れればいいなと。まぁ、これらの全ては、僕の筆の早さの問題ですね（笑）。

MINAMI UMEZAWA
SAYAKA KANAMORI

梅澤美波
金森さやか

PHOTOGRAPHER RYO KAWANISHI
STYLIST MAYU SUZUKI (Diamond Snap)
HAIR &MAKE HOSHINA SUMI(GiGGLE)
TEXT YUTAKA SATO

Q&A

もっと知りたい、
撮影現場でのあんなことやこんなこと。
コッソリ教えてください！

金森氏に聞いた！

MINAMI UMEZAWA
梅澤美波（金森さやか）
SAYAKA KANAMORI

Q1 映画の中で個人的に一番頑張ったのはどのシーン？

映画終盤の、浅草・水崎・道頓堀に
「クリエイターは面倒くさい！」
と感情を爆発させるシーン。
普段冷静な金森の苦労が伝わる
とても難しいシーンでした。
たたくのも難しい！！

Q2 劇中で好きなセリフは？

金森の
「他人なんて
関係ない」

我が道を突き進む
金森らしい格好いい一言。
私自身にもグッときました。

Q3 ご自分以外の2名のメンバーの、撮影中の様子を教えてください。

あすかさんは意外とノリもよく
赤ちゃんっぽい甘え気質がある。

山下はコミュニケーション能力が
高く人見知りしない。

Q4 今だから言える裏話、教えてください

ラーメンを食べるシーンでうまくすすれなくて
たくさんこぼしてしまいました…。

Q5 自分は役柄に似ていると思いますか？

反対と言っていいほど似てないと思います。
金森になりたいと思うほど勉強になりました。人として。

Q6 映画の中でのご自分は、ハッキリ言って何点ですか？

私からしたらかなりの高得点。
とにかく作品として
最高のものになりました。
私自身の反省点も含め、
全部ひっくるめて後悔はありません。
ただ、今後まだ伸びたいという
想いを込めてマイナス10点。

90点。

Q7 「映像研」を漢字一文字で例えると？

祭
（まつり）

Q8 自分が芝浜高校に入学するとすれば、何部に入りますか？

外野部。
ひねくれてて
楽しそうで好きです。

Q9 共に撮影を乗り切ったお二人に、それぞれ一言！

この3人だったからこの空気感でお互いに感じ取り合って
言葉を交わさずとも分かり合える関係性になれたと思います。
感謝しかありません！2人とも最高!!お疲れ様でした！

Q10 これから映画を観る方々にコメントをお願いします！

怒涛に過ぎていく展開に身を任せ、
とにかく楽しんでいただけたらと思います。
ここまで一つのものに夢中になれるのか！と、
羨ましくもなりどこか懐かしくもなるような
不思議な気持ちになってくれたら嬉しいです。
皆様の日々に笑顔を添えられますように。

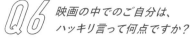

私のアイドル人生でターニングポイントになるんだろうな

——映画『映像研』がいよいよ公開。今の率直な気持ちは？

梅澤　もともとは5月公開予定だったので、ずっとこの日を待ちわびていました。私は一足先に試写で映画を観て「これは自信を持っておすすめできる作品だ！」と確信を持ったので、とにかく早く皆さんにも観ていただいて感想が聞きたいなと思っています。

——試写を観ての感想は？

梅澤　私の性格上、自分がやってきたお仕事に対して「自分を褒めてあげたい」と思えることってなかなかないんです。でもこの『映像研』に関しては、もちろん反省点もありますけどそれもひっくるめて「全部やり切った！」と思っているし、後悔はありません。そして実際に試写を観てみたら、自分が出ているからとか関係なく普通に声を出して笑っちゃうくらい面白い作品に仕上がっていて！　浅草氏・水崎氏・金森氏の三人がバカみたいに互いの意見をぶつけ合って、ケンカして、分かり合って……その感情の起伏が面白かったし、好きなものに対してここまで熱くなれるって本当にかっこいいなって思ったんですよね。さらにVFXも迫力満点でしたし、いろいろな意味で感動しました。

——普段なかなか自分に満足できない梅澤さんが、今回「後悔はない」と断言できるのには何か理由があるのでしょうか？

梅澤　やっぱり苦労したからでしょうか。私は今回、映像作品でのお芝居に挑戦するのがほぼ初めてで、ドキュメンタリーを除けば映画出演も初だったんです。今思い返したら「よく乗り切ったな、私」と思うくらい自分の中で葛藤した部分もあって難しかったので、今こうして映画という形で実ったうれしさは今までのアイドル経験の中でもまた一味違う格別の感情ですね。

——梅澤さんは舞台作品の出演経験はありますが、舞台での演技と映像での演技はやはり違いましたか？

梅澤　はい。舞台って、最初から最後まで（ストーリーに沿って）一気に演じるので感情を乗せやすいんです。でも映像作品は物語の順番通りではなく全然バラバラに撮り進めていくので、最初から全体像を理解しておかないと難しいな、と。あと、舞台の場合はだいたい1か月くらい稽古期間があるので共演者の演じ方も分かっているんですけど、映像作品だと相手がどういう演技をするのか分かるのが撮影当日だったりするんです。時には自分がイメージしていなかった返し方をされて戸惑うこともあったので、対応力が求められるお仕事なんだなと感じました。

——本作で梅澤さんは金森さやか役を演じました。最初に配役を聞いたとき、どのように感じましたか？

梅澤　原作を読んで「これは挑戦だな」と思いました。高校生でありながらとても落ち着いているし、浅草氏・水崎氏という天才肌のクリエイターをコントロールする立場でもあって、「こんな子、いるかな？　現実にはいないよなぁ？」と（笑）。発言も辛辣だから「今までの自分とは違うモードに入らないと、私にこのお芝居はできないな」と感じた一方、今まで経験したことのないものに挑戦できるワクワクもありました。「この役をやり切ることができたら、達成感は絶対大きいはず！」と。

——ただ、梅澤さんと金森の性格を比べると……

梅澤　全然違いますね、正反対と言ってもいいくらい（笑）。

——だからこそ、金森の心情を理解するのも苦労したのでは？

梅澤　そうですね。なのでまず、原作ファンの方々が金森氏にどんなイメージを抱いているのかを片っ端から検索して、書かれてある言葉をメモしていきました。また、普段のお仕事でプロデューサーの立場にいらっしゃる方と会った際は助言をいただいたこともあって。

——助言と言うと、例えば？

梅澤　急かしたいときはあえて早口で用件を伝えるべし、とか。言葉の内容だけじゃなく言い回し一つでも相手への伝わり方って変わってくるから、そのプロデューサーさんも口調は常々意識しているらしくて。金森氏は普段から冷静なので淡々とした口調なんですけど、気持ちを強くぶつけたいときは言い回しを変えるよう意識して演じました。

——英勉監督からの指導やアドバイスはどういったものがありました？

梅澤　今の口調の話とも重なるんですが、もともと私がイメージしていた金森氏ってあまり感情を表に出さない機械的なキャラクターだったんです。でもそれをそのまま演じたときに「人間味があまりないよね」という話になって。原作では金森氏が笑ったり温かい表情を見せる場面ってほぼないんですけど、それはあくまで漫画上に描かれていないだけで、生きていたら絶対笑顔になる場面もあるはずだ、と。「怒るときはもっと気持ちを前に出してもいいし、人間味のあるキャラに寄せていったほうがいいかもね」という言葉を英監督からいただいて、「もっと自由に気持ちを出して演じていいんだ」と思うと一気に演じやすくなりました。

——確かに、金森が浅草に対して強い口調で詰め寄ったり、時には叩くシーンもありました。

梅澤　叩くのは最初はすごく苦労しましたけどね。（浅草役の齋藤）飛鳥さんを前にするとどこか遠慮がちになって、初めはNGも結構出してしまいました。でも撮影を重ねていくうちに信頼関係を築くことができて、次第に遠慮はなくなりました。私、叩くシーンを見るだけで「これは遠慮がある。撮影序盤に撮ったシーンだ」とか「これは撮影終盤だ。叩き慣れてるなぁ～」ってすぐ分かります（笑）。

——乃木坂46では先輩に当たる齋藤さんとの共演はいかがでしたか？

梅澤　先輩ですし、『映像研』を撮影するまでは緊張して、なかなか親しく話すという間柄ではなかったんです。とはいえ、浅草氏と金森氏の中学時代からの関係性を表現しなければいけなかったので、最初は不安でした。でも飛鳥さんって、一見壁があるように見えて実は全然ウェルカムな人で。撮影期間を通して仲良くなれたし、今ではイジれるようにもなりました（笑）。そして、人としてすごくかっこいいんですよ！

——かっこいい、というのは？

梅澤　私が金森氏を演じる中で、すごく難しい撮影になるだろうなというシーンがあって、「これを撮る日は私の山場だから緊張する！」みたいなことをポロっと飛鳥さんの前で言ったんですよ。するとその撮影の日に飛鳥さんが「今日、梅（梅澤）大変なんだよね。頑張って」とチョコをくださったんです！　これには本当に救われました。とても気遣っていただいたし、かっこつけずにサラッとそういう行動を取れるところが、本当にかっこいい！

——一方、山下美月さんとは乃木坂46でも同期という関係です。

梅澤　同期として一緒にいろんなお仕事をしてきましたけど、山下は乃木坂46の外で一人でドラマに出演した経験も多いので、スムーズに撮影をこなしていく姿はかっこいいなと思いましたね。あと、自分からスタッフさんに話し掛けに行ってコミュニケーションを取る姿を見て、社交的だなって。初対面のスタッフさんにもグイグイ行って談笑したりするから「すごいな！　そんな一面もあったんだ」という発見もありました。

——そんな三人で臨んだ『映像研』の撮影。三人で掛け合いをする場面も多かったと思いますが。

梅澤　同じグループに在籍していることもあると思いますけど、私はすごくやりやすかったです。今回、三人同時に同じセリフを言ったり三人一緒に同じ方向に揺れたりするお芝居が結構多かったんですよ。でも「せーの」みたいな掛け声を交わさなくても三人の息がピッタリ合うことがすごく多くて！『映像研』の撮影期間を通して空気感だけで分かり合える関係になったと言うか、……もう自分で言っちゃいますけど、「私たち、すごい！」と（笑）。

——冒頭で映像での演技の難しさに葛藤したとおっしゃっていましたが、乗り切るに当たって齋藤さん・山下さんの存在は大きかったわけですね。

梅澤　二人の存在はもちろん、キャストやスタッフの皆さんのチームワークがバッチリだったのも大きいです。正直に言うと、撮影現場の環境はかなり厳しかったんですよ。冬で寒かったし、ロケ地もボロボロの場所だったりしたから（笑）。でもそんな中、皆さんと一緒にカイロを持ってヒーターの前に集まって「寒い～！」って言いながら笑い合ったのも楽しくて！　なのでチームの皆さんには感謝しかないですね。

——梅澤さん自身『映像研』を通して得られたものも多かったのでは？

梅澤　『映像研』は私のアイドル人生でターニングポイントになるんだろうなと思っています。この作品をきっかけに、自分の性格が明るくなったように感じるんですよ。飛鳥さんや山下を始め撮影チームの皆さんから良い影響を受け、知らぬ間に感化されていったんでしょうね。「梅澤美波＝クールで固い」みたいなイメージも『映像研』で多少変えられたと思うし、今後は演技のお仕事でもバラエティーでもどんどん新しい面を見せていきたいと思っています！

——ところで、梅澤さん自身はどんな高校時代を送ったのですか？

梅澤　本当に平凡でした。部活動もしていなかったし、将来の夢も特になくて、ただ漠然とアルバイトをして過ごしていたような気がします。だから『映像研』を見て本当にうらやましい気持ちになったんですよ！　私にも浅草氏や水崎氏、金森氏のように何か夢中になれるものがあって、泣けるくらい熱中できていたら、ネガティブな高校生だった私の日々も全然違うものになっていたんだろうなって（苦笑）。

——ちなみにアルバイトは何を？

梅澤　ファミレスやケーキ屋さんです。ファッションが好きだったのでアルバイト代でお洋服を買ったり、あと当時から乃木坂46が好きだったので握手会に行くためにお金を貯めたりしていました。

——ということは、その頃からお金の大切さは感じていた？

梅澤　はい、ビジネスではないですが、お金を稼ぐ苦労は当時から身に染みて感じていましたね。

——なるほど。となれば、先ほど性格は金森と正反対とおっしゃいましたけど、お金に対する意識は決して離れてはいないかもしれないですね。まぁ金森の場合は極端ですけど。

梅澤　ふふふ、言われてみれば通じる部分かもしれません（笑）。

——では改めて、映画『映像研』の魅力や見どころをお願いします。

梅澤　まずは、小さなお子さんに観ていただいてドキドキしてもらいたい！　ロボットが出てきたり映像だけでもわくわくすると思うし、何かに夢中になることの素晴らしさも感じてもらえると思っています。また、大人の方にはどこか懐かしさを感じていただけるんじゃないかと思っていて。そして何より「頑張る姿ってこんなにも魅力的なんだぞー！」というのが皆さんに伝わればいいなと思います。展開もスピーディーだし笑いどころも満載なので、『映像研』の世界に身を任せていただければ絶対に楽しんでいただけるはずです！

令和版

『映像研には手を出すな！』 原作名場面傑作選

手を出した人の手を出した人による
手を出した人のためだけの

映像研の独特な世界観を語るうえで欠かせない、個性豊かなキャラクターの振る舞いや言葉選び。現在発売されている最新5集までを振り返り、改めてシーンの意図を咀嚼することで新たな発見があるかも…!?　担当編集の熱すぎるメモ付き。

文／田口俊輔　漫画担当／千代田修平

私の考えた最強の世界。
それを描くために私は絵を描いているので設定が命なんです。

1集25P

これは!!
上手くいってしまうのではないだろうか!!

1集114P

select scene
喜

喜「私の考えた最強の世界。」

入学早々、アニメ研究部の上映会で偶然知り合った水崎ツバメと、とある事件を通じて急接近した浅草みどりと金森さやかは、浅草氏の“秘密基地”コインランドリーに集う。アニメ愛で意気投合する二人に商機を見出した金森氏の策略による水崎氏との“合作”を通じて、最高の“仲間”を見つけた浅草みどりが自らのアニメーション作りの理念、「最強の世界」への想いを語る場面。

Editer voice

アニメでも実写でも使われまくったフレーズ「最強の世界」の初出シーン。伝説の始まりという感じがして趣深い。ちなみにこのコマは妄想シーンの初出でもある。現実世界からシームレスに妄想世界へと移行していくこの演出、最初に読んだときは面食らった方も多いのでは。こんな演出、漫画でしかできないよと感銘を受けていたが、鬼才たちのチャレンジによってめでたくアニメでも実写でも再現された。脱帽である！

喜「これは!!上手くいってしまうのではないだろうか!!」

「映像研」初のアニメ作品『そのマチェットを強く握れ！』制作中、作品の広大な世界観が構築されていくと共に、浅草氏の設定の細部、金森氏の現場統括の才覚、水崎氏が生み出すリアル志向……この三つの歯車が初めて噛み合い上手く回り始めていく。その喜びを表すかのように劇中に登場する「PDT」（個人防衛戦車）に乗り、脳内に広がる広大な世界を爆走する三人の図。

Editer voice

「これは、上手くいってしまうのでは…？」という時に実際によく使っている台詞。例えば大童氏との打ち合わせの際に頻出。ここには掲載されていないが第27話最終ページの金森の台詞「良いようですな」も頻出。しかしこのコマの擬音はすごい。キャタピラの音を実際に聞いたことはないが、「リアルな擬音だなあ」と感じてしまう。大童擬音の真骨頂である。

仲間です。

2集159P

喜「仲間です。」

芝浜高校文化祭、「気合い、入っ」た映像研アニメ上映後。これまで過干渉し続けアニメ作りを反対してきた両親と対峙した水崎氏。「動くアニメーション作り」こそ私が生きる証と正面切って語り、自分たちの見ていないところで大きく成長する姿を見せ両親を喜ばせる。その水崎氏の目の前にアニメDVDを捌ききった浅草氏&金森氏が合流。水崎母の問いに、浅草氏は映像研の三人の関係をこれ以上ない言葉で答える。

Editer voice

友達ではなく仲間。大童氏曰く、これは友達の上位概念ということではなく、単純に友達ではなく仲間だという意味なのだそうだ。3集67Pの「共生関係」にも通じるこの概念、最初は一瞬、寂しい気もした。友達ではないのか…… と。しかしアニメや実写で様々な方と共に仕事をする内、やっと「仲間」の良さがわかってきた。志を一つにする者同士の絆。僕も作家にとって頼もしい仲間でありたいと思いながら仕事をしている。

COLUMN

形が不思議なフキダシへのこだわり

『映像研』を読んでいると、背景に沿うようなパースのついた独特な形のフキダシが度々登場する。これは大童氏が描かれている背景をシッカリと見せたく、コマを隠してしまう「フキダシが邪魔」と思ったところから始まっている。この技法は大童氏初の漫画作品『ウサゴギ』の頃から使用と歴は長い。また大童氏曰く、パースのついたフキダシが出てくるコマは、セリフ以上に描きこまれた背景のほうに注目してほしいとのこと。

喜「まだまだ改善の余地ばかりだ。」

同人誌即売会「コメットA」参加後、浅草氏の自宅に集まり制作したアニメ「雑居UFO大戦争」を鑑賞する三人。作品の出来や自らの作品がDVDとして見ず知らずの人の手に渡ることに違和感を覚えつつも、初めて作品を通しで観ることになった浅草氏は疲れて眠る中、これまでの制作の労苦と楽しみ、そして作品世界の広がりを夢みる。金森氏、水崎氏も納得の仕上がりながら、目覚めた浅草氏は眼前に広がる“世界”に向けて自らの想いを呟く。

Editor voice

「最強の世界」への道程は、いってしまえば無限距離だ。どれだけ時間をかけて精魂を傾けて作品を完成させても、必ず次のゴールが立ち現れる。クリエイターとはつくづく業の深い職業である。そこで絶望するか、それともさらなる高みの存在に胸を高鳴らせるか。朝日に照らされた浅草の表情は、明らかに生粋のクリエイターのそれだ。

3集P158

select scene
怒

2集135-136P

怒「私はここにいるって、言わなくちゃいけないんだ。」

水崎ツバメ、「動き」への偏執的愛、爆発!!　初作でも制作進行を圧迫させるほど徹底してアニメーションの「動き」にこだわり続けてきた水崎氏が、なぜ「細かすぎて伝わらない」レベルの「動くアニメーション」作りをやりたいのか？その答えの全てが込められたセリフ。

Editor voice

下手したら読み飛ばされたり見逃されたりするディテール。しかし作り手である自分だけは、どうやっても見逃すことはできない。その不毛とさえ思えるような執着の先にしか出現しない作品が、確かにある。「神は細部に宿る」である。ちなみに水崎が乗っている魔法の絨毯は独立して浮いているのではなく、飛行艇につながっているらしい。

4集154-155P

喜「やりたいことを、やりたいようにやるのだ!!」

『たぬきのエルドラド』も無事完成。これまでの制作の経験を通しての成長、学校（生徒会）という想像力を狭める手合いからも逃れ、いよいよ自分のイマジネーションをデカく自由に振るえる環境が整った浅草氏（＆映像研）。そんな折、金森氏は旧知の本屋「富久書店」の再建を手伝うと共に新たな映像研の拠点制作のプランを立てる。「やるべきことは、やるべきではない」と力説する浅草氏に向かい、客寄せのための本屋アニメ作りが今成すべきことと詰め寄る金森氏。本屋アニメを作ると浅草氏は約束するが、それは「やるべきこと」ではないと返答。こう語る浅草氏の真意とは……？

Editor voice

「やるべきことなどやるべきではない！！」この後「やりたいことを、やりたいようにやるのだ！！」と続く。しかし本当に完全にやりたいことだけをやりたいようにやるだけでは立ち行かなくなることもある。そこでプロデューサーの手腕が問われる。つまりクリエイターに「これは、やりたいことだ！」と思い込ませるのである。それができるプロデューサーと天才クリエイターが組んだときはまさに最強であろう。

COLUMN

ドラえもんから受けた影響

人生で初めて買った漫画は『ドラえもん』10巻という大童氏。氏にとってのドラえもんの存在は大きく『映像研』でも1集92Pでの工具を持つ浅草氏の手がペタリハンド風に描写されていたり、浅草氏による設定画が宮崎駿の「雑草ノート」的だったりと、度々影響を色濃く感じさせる場面が登場する。

COLUMN
たぬき愛

自ら「たぬき愛好家」を名乗る大童氏。実際に氏が自宅で使用している信楽焼きの湯飲みを、４集108Pにて浅草氏が使う湯飲みとして登場させるなど、作中でも数多くのたぬきにまつわるモチーフ(『たぬきのエルドラド』「上狸沢」という地名……etc.)が登場する。現在もたぬきグッズを収集中と、なぜここまで"たぬき愛"を炸裂させるのか? 理由はいたって明快「１集で登場したから」(大童氏談)。生物を登場させる際に形から生態から何から何まで調べるクセを持つ大童氏は偶然たぬきのことを調べ尽くすうちに、その可愛さにやられてしまったらしい。

3集97P

怒「ツイッターは!! 遊びじゃねえんだよ!!」

同人誌即売会「コメットＡ」に向けいよいよ動き出そうとする映像研。その中一人黙々とSNSに没頭する金森氏に向けて怒りを向ける浅草氏。その浅草氏の浅慮な思考と裏腹な、金森氏のSNSを使ったマネジメント&プロデュース哲学が炸裂。

Editor voice

声に出して読みたい映像研の台詞、私的１位はコレ。遊びじゃないのである。大童氏はマジでコレを地でいっているので頭が下がる。僕も見習いたいのだが、ついついくだらないツイートをしがちなのでフォロワーは伸び悩んでいる。ところでさりげなく金森の手前のスチールラックがボケている。本当に細やかな描写だ。

4集69P

怒「時間が!時間があれば!!」

『たぬきのエルドラド』の制作が始まり、浅草氏のシノプシスを骨子に水崎氏がダークなキャラをデザイン。そこで自らの物語が"暗い"と捉えられていることを知り、急きょ修正の方向へと舵を切ろうとする。〆切が刻一刻と迫る中、時間の猶予はないと忠告する金森氏をしり目に、得意の"答えは頭の中"論法で躱す浅草氏。そんなノンキな氏の時間的感覚を金森氏は物理的に縛りあげる。

Editor voice

人生が有限であること、あまりに大前提すぎてついつい忘れがちである。この金森のツッコミは大げさに感じるだろうが、塵も積もれば山となるで、やはりちゃんと〆切を守っていかないと最終的に生み出す作品の数が一つ二つ平気で減っていくだろうなと思う。一作でも多くの傑作に触れたい者としては、そうした損失はなんとしてでも防ぎたいのである。なので僕も、大童氏が〆切を破りそうになったら心を鬼にして襟首を掴む所存だ。

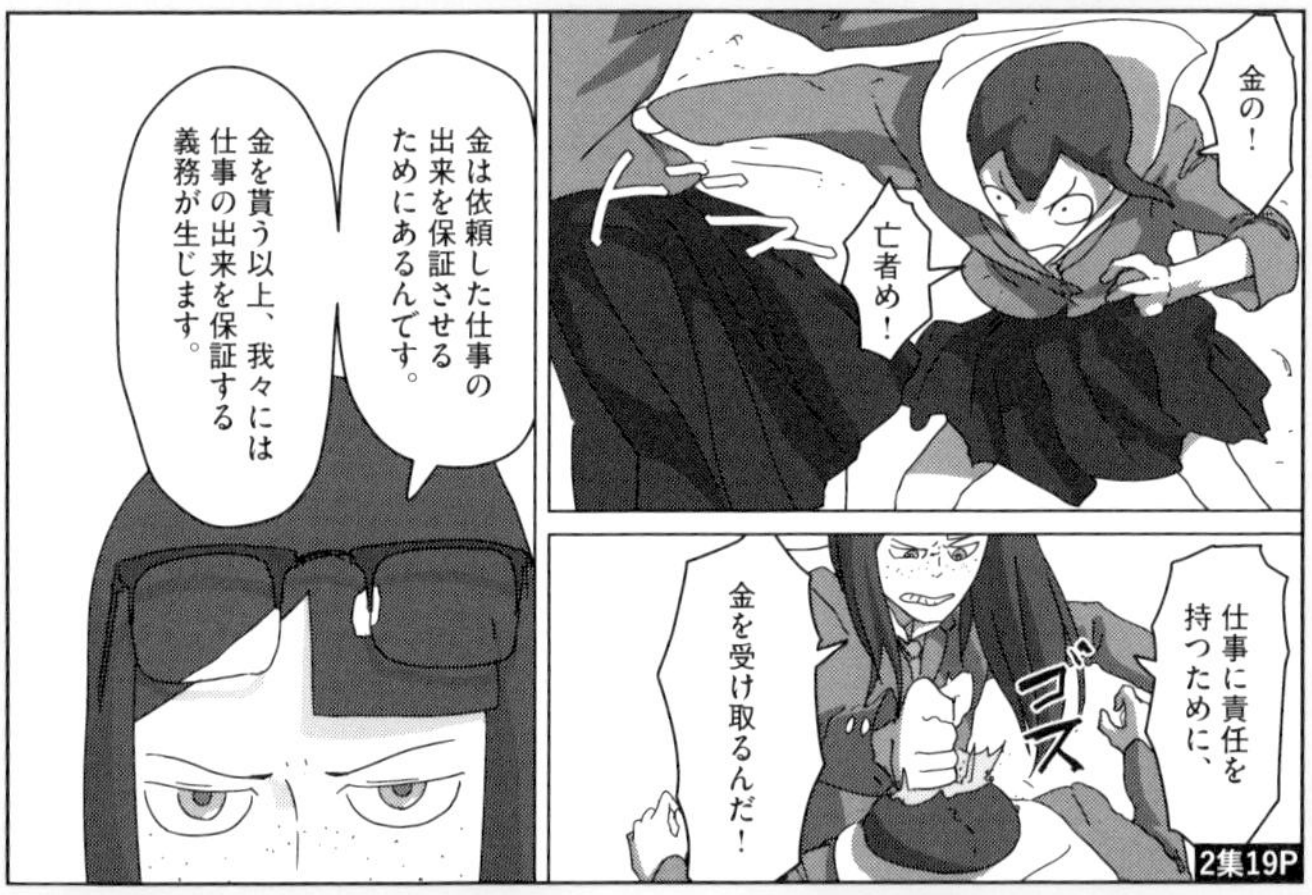

2集19P

怒「仕事に責任を持つために、金を受け取るんだ!」

芝浜高校文化祭に向けロボット研究部からＰＲアニメ制作の依頼を受けた映像研。制作資金も含めて話を取り付けた金森氏の抜け目なき守銭奴的態度に、浅草氏はジャブロー戦におけるシャア専用ズゴックの如き怒りの一撃をボディに放つ。しかし、金森氏も制作に対する労働への対価と責任についての持論を持って、浅草氏へ鉄槌(物理)をくだす。

Editor voice

梅澤美波氏お気に入りのシーン。金森のプロフェッショナルが垣間見える。皆さん、クリエイターに仕事を依頼するときは必ずお金を払いましょう。ところでこのシーン、さらっとかなり暴力的である。それぞれの身長差を活かした攻撃が面白い。グーをハンマーにして振り下ろす攻撃、気持ちよさそう。浅草もたまたまもぐら叩きみたいになっていて笑える。

2集95P

怒「「更に好き勝手描く」以外の選択肢はないんすよ!」

ロボ研の依頼でロボットアニメの制作を続けるも、ロボのデザインの矛盾、ひいてはロボットアニメがはらむ矛盾に気づき、万人が納得するロボアニメを作れないと悟った浅草氏は制作中止を呼びかけ、様々な代替案を提示するも金森氏は全て却下。ひよった考えになるのは浅草氏が他人の眼を気にしすぎだと気づいている金森氏は、氏なりの叱咤激励で浅草氏に覚悟を決めさせる。金森氏のモチベーターとしての才能が光るワンシーン。

Editor voice

プロデューサー金森の真骨頂である。モチベーションの落ちたクリエイターを檄して、いつも以上の力を出させる。これがなかなか難しい。なかなか難しいというか、至難である。自分の心でさえままならないのに、他人の心を云々するというのはどうしたってギャンブルであり、こわい。しかし金森は確信をもって怒鳴る。眉間にしわを寄せて。感情を動かせるのは感情なのである。

怒「細工は流々、仕上げを御覧じろ！だろ！」

芝浜高校「全部活・全同好会対象予算審議委員会」にて。生徒会に“パブリック・エネミー（公共の敵）”とみなされている映像研は作品を上映し予算をもぎ取るべく金森氏の口八丁＆圧力で立ち向かうも、書記のさかき・ソワンデによる冷静な追求で追い込まれる。その劣勢の空気を切り裂くように浅草氏は落語「大工調べ」を絡めた口上で真正面から「完成品を見ろ！」と啖呵を切る。

Editor voice

浅草の職人としての気概が表れたシーン。「ごらんじろ」ではないので注意。クリエイターの世界は、とにかく結果さえ出せば黙らせることができる面が確かに存在する。その功罪は様々あるだろうが、個人的には好きな文化だ。実際僕も、打ち合わせなどであまりに苦労してヘトヘトになるも、最終的にネームや原稿の出来があまりに素晴らしかったので黙らせられたことがある。そんな時は幸せだ。

哀「魂を込めた妥協と諦めの結石が出る。」

予算審議委員会に向けた映像研初のアニメ『そのマチェットを強く握れ！』制作は浅草氏＆水崎氏のこだわりを注入するあまり大幅に遅れ、結果物語性を完全に排除した“予告編風”に着陸することが決定。作業は審議委員会当日朝までかかり、一応完成の日の目を見るも、どうも内容と出来上がりに納得いかない浅草氏は寝ぼけ眼のままひとまずの感想（という名の皮肉）を漏らす。

Editor voice

金言 OF 金言である。全クリエイターがちぎれんばかりに首を縦に振って同意してくれるんじゃなかろうか。〆切がくるたびにクリエイターにこの思いをさせていると思うと心が痛む。しかし、個人的には〆切があるから魂が込められる面もあるんじゃないかと思う。怨みに近いかもしれないが、何かしらの業ってやつが。

哀「区切りを作るから終わるんですよ」

映像研裏にある山にそびえ立つ古い時計塔の鐘の音を録音すべく奔走し続けた百目鬼氏は、逆に時計塔が壊れゆく音を録音してしまう。どれだけ貴重なものでも終わりが必ずくる諸行無常に、肩を落とす百目鬼氏と浅草氏。一方の金森氏は、終わりを一つの変化と捉え、その先の新たな価値の創造の可能性を巡らしていた……

Editor voice

諸行無常。この仏教のユニークな教えをどう捉えたもんだろう？ 大切なものが消えていくのは悲しい。それは物だったり、心だったり、命だったりする。しかし金森が言う通り、実際のところそれは変化しただけとも考えられる。終わりは始まりなわけである。変化を肯定することで、喪失の悲しみから立ち直らせた。ここも、プロデューサーがクリエイターを適切にモチベートしたお手本のようなシーンだ。

select scene
哀

哀「お前にはわかるか？自由の正体が。」

決算報告のために辺境に位置する生徒会棟に赴いた金森氏は、帰り道にさかき・ソワンデに誘われ彼女が運転する中古車（三菱デボネアAMG）に乗せられ中央棟へ向かう。そこで旧生徒会の廃止を始めとした過去の伝統や権威を壊し、新たな中央集権的自由を築こうとするソワンデの思想と企みに触れることに……

Editor voice

ソワンデは一つの先鋭的な自由（映像研）が、ゆるやかな自由の場（芝浜高校）を崩壊させてしまうリスクを懸念している。部活動一つとっても、いろいろな立場があるのである。ところで実写映像研でソワンデ役を演じていただいたグレイス・エマさんはなんと14歳。ただでさえ高校生にしてはあまりに大人びているソワンデをよくぞ完璧に演じてくれました。脱帽。

哀「世界はもっと広いんじゃ。」

新作『たぬきのエルドラド』制作における一コマ。これまで手掛けたアニメでは作ることに集中するあまり作品世界の大切な物語設定を忘れていたという浅草氏は、『たぬき～』でこれまで出来なかった「物語」に挑戦すると二人に語る。しかし“設定命”の浅草氏が大切な設定を忘れるわけがないと水崎氏は看破。すると、これまで溜めてきた「広大な世界を限られた時間では描き切れないことを知ってしまった寂寞たる想い」、そして「描けないと思った時点で生まれる妥協への苦しみ」について初めて吐露する。

Editor voice

大童氏はこのシーンを描きながら泣いたという。すべてのクリエイターが直面する悩みじゃなかろうか。我々編集者はクリエイターに対して〆切という「時間切れ」を通達する役割を担う存在なわけだが、毎度心苦しい。もちろん僕も、できることならもう１週間とか１か月とかをかけてもらって、めちゃくちゃすごいものを描いてほしい。でもその一方で、よりたくさんの作品を見たくもあるのだ。このジレンマはいつまでもつきまとうんだろう。

描き切る前に時間がなくなって、
描けるぶんしか描けなかった。
世界はもっと広いんじゃ。
わかってるんだよ、
全部は描けないって知ってるんだよ。
今の規模じゃ、
描けないと思ってたんだよ。
描けないと思ったせいで、
描けるかもしれないものまで描かなくなっちゃったんだよ。
でも妥協ももう嫌なんだよ。
ワシはもっとちゃんと描きたい。
やりたいことはいつでもやるべきだったんだ！

4集52-53P

触れちゃいけなかったかな。
わかってる！俺だって不可能だと本当はわかって…！
ふ、不可能かもしれないと思ってる！
でも乗りたいんだよ俺は！ロボットに!!死ぬほどなあ!!
クソ!!
「人間が想像できることは人間が必ず実現できる」だ!? 発言には責任を持て!!
百歩譲っても俺が生きてる間に実現出来なきゃ、
ウェルズと品川で心中だ!!
わしも宇宙の果てを見たい。
宇宙が広すぎて毎日お風呂で泣いてる。
私は寝る前に毎日 波動拳出す練習してる。
俺はトイレでコクピットのイメトレしてる。
お前らも泣くのか。
突然の和解。
問題が感情で解決する人間が一番嫌いだ。

2集49-51P

哀「わしも宇宙の果てを見たい。」

文化祭用アニメの話し合いのため映像研はロボ研に赴く。浅草氏の提案するロボ案を頭ごなしに否定するロボ研部長・小野は、自らの頭の中の“リアルな人型ロボ”像のイメージを押し付ける。しかし小野のリアルロボ像が持つ矛盾を映像研に突かれ続け、結果「リアルが人型ロボットを求めていない」との現実をつきつけられる。それでも小野は矛盾をはらんででも人型ロボットに乗りたいとの夢を涙ながらに語る。その小野の夢とリアルの挟間の葛藤する姿に、まさか映像研の面々（金森氏を除く）も自らが持つ夢とリアルの矛盾の辛さがシンクロしてしまい、思わず涙が……

Editor voice

「ウェルズと品川で心中だ！」大童氏もかつてTwitterで解説していたが、これは①「人間が想像できることは人間が必ず実現できる」と発言したとされるのはＨ・Ｇ・ウェルズではなくジュール・ヴェルヌ。②そもそもそれも後世の創作である可能性が高い。③落語の演目『品川心中』では実は誰も心中しない。という三つの勘違いが詰め込まれた叫びなのである。皆さん、わかりましたか？ところで僕はトンネル効果を狙って板に指を貫通させようとしてました。

COLUMN

アイテムへのディティールのこだわり

インタビュー内でも語っている通り「生活の中での記憶を明確に絵に引き出せることに幸せを感じる」大童氏。劇中に登場する道具やグッズ、乗り物の描写にはまさに「神は細部に宿る」という言葉がぴったり。その真髄の一つが18話（3集収録）の自転車の描きこみだ。「自転車は人が乗って運転する構造なので、座った時に足がつくぐらいの高さにサドルがあり、ペダルは地面に擦らない高さにないといけない。それでいてタイヤの軸は足を上げた時に低すぎず高すぎずの箇所にあって、ハンドルもちゃんと手を伸ばして握れる距離が必要。こうした部分をちゃんと描写しないとただの棒だらけの“自転車らしき”ものになり、読者と“人が自転車に乗る”という感覚が共有できなくなるんですよ」

select scene

楽

1集156P

3集11P

楽「私達の生きる世界は天国で地獄か〜」

「必要以上に働かない！隙を見ては遊ぶ！」、「いい仕事は、いい遊びからよ」という仕事の極意を顧問の藤本先生から聞いた映像研三人は、学校を飛び出し芝浜の町を舞台に高校地下ピットロケハン以来となる探検（ごっこ）にシャレ込む。地下トンネルを通りグイグイ進み芝浜の水没地帯散策を楽しむ浅草氏と水崎氏に向け、進む先が天国か地獄かと揶揄を込めた心配をする金森氏。そんな心配を嗤うように実に諧謔心溢れた“らしい”切り返しを見せる浅草・水崎両氏であった。

Editor voice

「どうりで生き辛いわけじゃ。」と笑い飛ばすこのメンタリティー、見習っていきたい。それと同時に、浅草も生き辛さを感じているのだと思うと、ややホッとする面もある。誰もがそれぞれの生き辛さとやっていっているのである。

楽「なんだか知らんが、面白くなってきやがった。」

浅草氏の啖呵が功を奏し、予算審議委員会場で『そのマチェットを強く握れ！』は無事上映された。映像研の生み出す世界の片鱗に触れ、次々に賞賛の声を挙げる生徒たち。しかし当の映像研の三人は、先ほどまで対峙してきた生徒会の存在も群衆の反応にも目をくれず、壇上で反省会を始める始末。その視線はすでに次なる“最強の世界”を見据えていた。

Editor voice

この台詞もついつい声に出したくなる。なんてゴキゲンなんだ。そしてかなり冷静に考えると、この三人はそれぞれいったいどこを見ていて、なぜこんなに寄っているのだろうか。しかし読んでいる間はそんな疑問を頭に浮かばせないほどに、とにかくゴキゲンなシーンだ。こういう嘘をつける漫画は強いと思う。

2集79P

楽「⬆」

文化祭に向けロボット研究部に依頼されたロボットアニメを制作中、金森氏の誘いで向かった「ガソリン臭いラーメン屋」での一幕。制作に必要なパソコン（ハイスペック）をパソコン研究部から“暴力的な低価格”で手に入れた金森氏のやり方に、不安を覚える浅草氏の肝の小ささを、金森氏がこれ以上ない例えで一喝！ した際の表情。

Editor voice

浅草たぬきかわいい！ すっかりたぬきキャラが定着した浅草。そういえばこれは大童氏が大好きなドラえもんがたぬき型ロボット（誤り）であることと関係しているだろうか？ 今度聞いてみよう。そういえば実写の撮影中にもたぬきが出没したらしい。そういう奇跡が起こる作品は傑作と相場が決まっているのだが、案の定この実写も傑作となり、ジンクスの強化に寄与したのであった。

COLUMN

作品内における、数々のオマージュ

生きた人物描写、緻密に描きこまれた背景・世界観……読みどころだらけの『映像研』。さらに劇中に様々なオマージュが鏤められており、作品をよりディープなものにさせている。例えば映画ネタなら、3話（1集収録）で浅草氏の持つカップ麺「エビ天四つ十分すぎるうどん」は『ブレードランナー』内のセリフから取られている。アニメネタなら22話（3集収録）の写本筆写研究部を生徒会校安が襲撃する一連の件は『GHOST IN THE SHELL／攻殻機動隊』の冒頭戦闘シーンを始めとした数々の場面をコラージュ的に使用。13話（2集収録）の音曲浴場における水崎氏との妄想怪獣バトルの場面では水崎氏の『シン・ゴジラ』ばりの熱焔を、浅草氏はウルトラマンのリバウンド光線で防御と、特撮への目配せ……と“イースターエッグ探し”も『映像研』は読者を楽しませてくれる。さて、あなたはいくつのオマージュを見つけました？

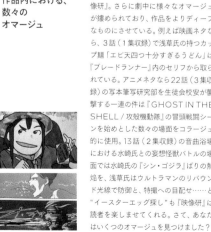

4集108P

楽「本日は、ラーメン。」

4集105Pから続く話。ソワンデに生徒会へと誘われるも理念の違いからかあくまで“辺境”で生きることを選んだ金森氏。身心共に疲れた状態で、学校の端で己の自由を突き進む仲間たちの待つ部室に戻り、やおら「ガソリン臭いラーメン屋」へと誘うのであった……

Editor voice

汎用性が非常に高く、「本日は〇〇」の形で無限に使える。たまに大童氏とラーメンを食べることになったときは必ずこの台詞を思い出している。この後映像研三人娘＋百目鬼がラーメンを食べにいくのだが、そこでのそれぞれの食べ方に個性が出ていて面白い。

COLUMN

『映像研』と落語

ガジェットや物など以外に、『映像研』は70年代に流行った死語など“言葉”による引用も非常に多く見られる。特に大童氏が愛聴する落語はあらゆる形でモチーフとなっている。舞台となる「芝浜」の町、百目鬼氏が住むコーポ「野ざらし」、4集から登場する“富久”書店は、どれも落語の演目から取られている。落語ネタでは7話（1集収録）の浅草氏が啖呵を切る場面で落語の演目「大工調べ」の一節を使用しているのは有名な話だ。加え17話（3集収録）、浅草氏がソワンデに向けて語る「巴御前のハチマキ～」からの一連のセリフは「火焔太鼓」のパロディーになっているのも要注目。さらには第19話（3集収録）で中学時代の浅草氏が金森氏の手伝いをした際に受け取った1000円札の肖像画が五代目柳家小さん風と、2050年はもしかしたら落語が伝統文化以上の存在になった世界なのかもしれない。

3集67P

楽「わしはついていくけど、きみは少し楽になるから、共生関係だ。」

浅草氏と金森氏、二人の出会いの物語。中学一年生、一人でいることも人も怖く学校生活に苦しむ浅草氏は、偶然体育の授業で一緒に組まされた金森氏に誘われ笹の葉収穫の手伝いをすることに。笹を売りに向かう金森氏を追うように初の“友達”と電車に乗ろうとする浅草氏に向かい、「利害が一致しただけ」とドライな態度を見せる金森氏。しかし、共に生きづらい世界で生きていくために二人は、特別な“関係”を築くことに……

Editor voice

齋藤飛鳥氏お気に入りのシーン。なんて素敵な関係だろう！ 友情ともまた違う、このうえなくドライなようでこのうえなくウェットな関係。こんな関係の存在が僕にもいたんだろうか？ あるいはいまいるだろうか？ クサいことを言えば、作家と編集の関係はそのようでありたいと思っている。この後それぞれ監督とプロデューサーになる浅草と金森は、この上なく理想的な関係を結んでいると言えよう。

実は映画のエキストラとして現場に潜入していた大童氏！　ここでしか見られない描き下ろし漫画で、撮影の裏側を目撃せよ。

クソ寒いある日、学校ロケが行われた。

なんとここはワシが大好きな別の映画のロケ地でもあるのだ！

（現場に入った瞬間気が付いた。）

最高にテンションが高い。

エキストラをやるという話は聞いていたが、まさかしっかり衣装まで用意されているとは！

エキストラはローファー持参というルールだったがワシは用意していなかった。

しかし衣装さんが用意してくれた。

ワシのサイズ28㎝あってよかった。

しかし、26歳（当時）のワシ高校生としていけるのか。

まあ乃木坂ワシと同い年±1歳の人達多いし大丈夫か。

アニメ版のOPを歌ったチェルミコのレイチェル氏も、
実写版脚本の高野《たかの》氏も担当編集のちよだ氏も同い年だしな。

いや高校生ではないが。

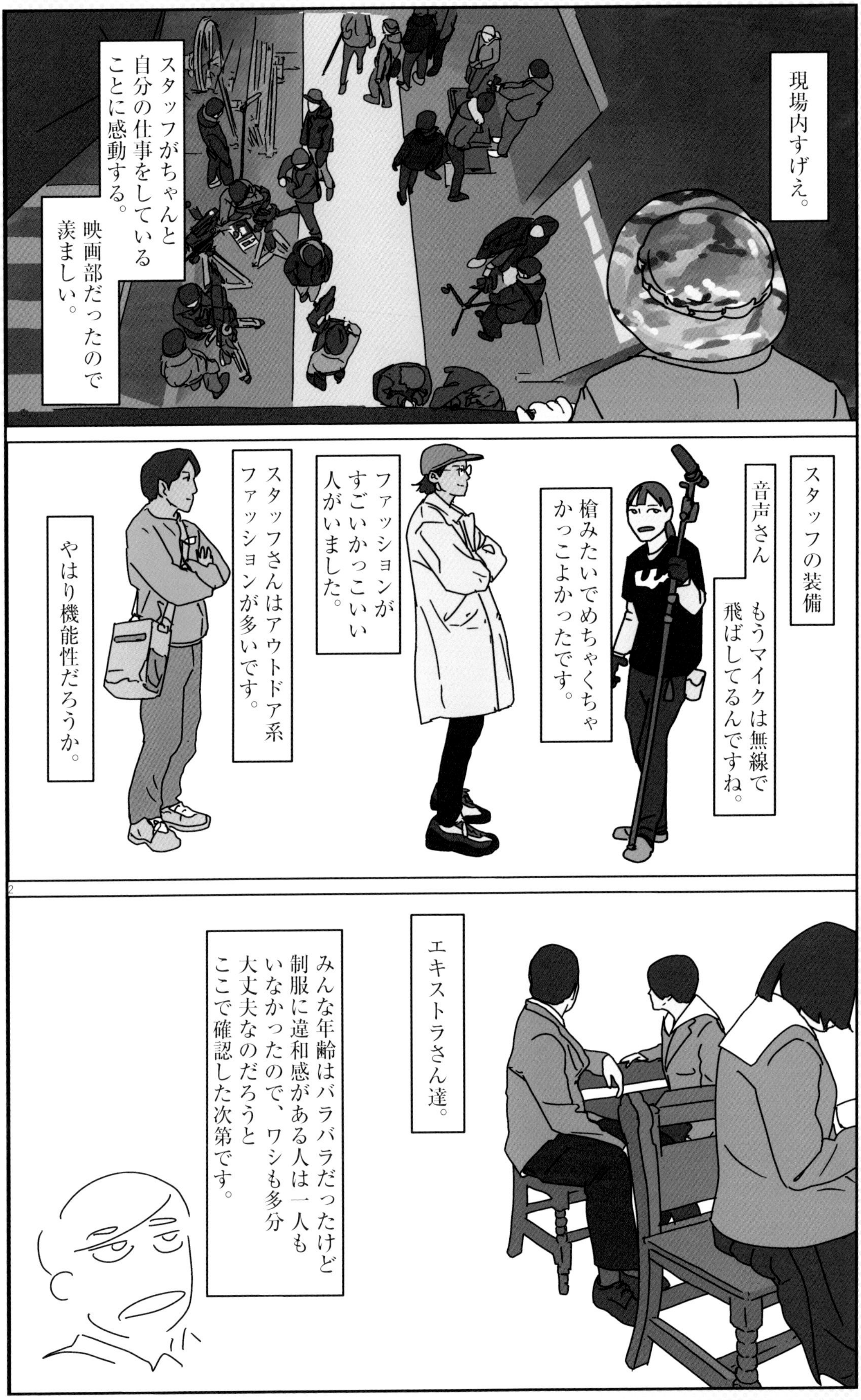
現場内すげえ。

スタッフがちゃんと自分の仕事をしていることに感動する。

映画部だったので羨ましい。

スタッフの装備
音声さん
もうマイクは無線で飛ばしてるんですね。

槍みたいでめちゃくちゃかっこよかったです。

ファッションがすごいかっこいい人がいました。

スタッフさんはアウトドア系ファッションが多いです。

やはり機能性だろうか。

エキストラさん達。

みんな年齢はバラバラだったけど制服に違和感がある人は一人もいなかったので、ワシも多分大丈夫なのだろうとここで確認した次第です。

あ!!
金森《かなもり》氏だ!!
最初にみた映像研御三家が金森氏の後ろ姿でした。
マジでリアル金森氏だった梅澤《うめざわ》先生。
挨拶をしました。
ちゃんと人間だ。(感想)
どーもどーもお世話になります。
*めちゃくちゃフランクに話してくれる山下《やました》先生。
*制服似合ってると言ってくれた飛鳥《あすか》先生。

関係者の某氏が「大童《おおわら》さん乃木坂の番組も観てるそうですよ」と話してくださって…

『乃木坂どこへ』も観てます！

ああ、四期生オンリーのやつね。

やらかしたやらかした。（棒読み）これは大童罰ポイント。勿論乃木中も観てますよ!!

みんなで写真を撮った。

寒すぎ＆緊張で変な顔になった。

この時ワシはお三方のポーズ「こちらポーズ」をすげーと思っていました。

東宝の撮影を東映のスタジオで。

でけえ。とにかくでけえスタジオがいくつもある。

椅子を譲ってくださった梅澤先生気遣いのヒューマン。

ワシは遊びに来ただけなので申し訳ねえ!!

前はちゃんとフィットしてたのにねえ。

むむ。

なんか挟む?

あ、あ、そのメットは後ろにダイヤルがついてまして、回すとフィットするようになっております…やってみてください。

謎の助言をするオタク。撮影の役に立てたと満足。

「王将」のパッチが
張られたベンチコート
を着ていた山下先生
バケツ被ってた
飛鳥先生
あのシーンだ!!
防御力が高そう。
後で山下先生に聞いたところ、
王将パッチはベンチコートに
元々貼ってあったらしく、毎日
誰が王将コートになるのか
イベント化していたらしいです。
めちゃくちゃ
高い所に吊られる
飛鳥先生。
信じられない
ほどブン回さ
れていた。
これは
罰ゲームか？

はい、以上です。語り尽くせないなら
多くは語らないというスタイルで
レポートを仕立ててみました。
どっかでこれらについて改めて
語ることができたらいいな!!

ご覧いただき
ありがとうございました！

楽しんでくださったと思いますが、
映画 映像研は もっと楽しい！はずです…
そちらもどうぞ、よろしくお願いいたします。

浅草みどり
さいとうあすか

最後まで
みて下さった皆様！
ありがとうございました！

「映像研には手を出すな！」
いよいよ映画が公開になります
とにかく流れに身を任せ、
映像研の世界をたっぷり
楽しんじゃってください。
よろしくお願いします♥

金森さやか役
乃木坂46
梅澤美波

原作、アニメ、
ドラマ、映画。
どの「映像研」も
最強と最高
が詰まった作品です。
もの作りを愛する人達が
こんなにも輝ける場所が
ここにはちゃんとありました。
私も「映像研」が大好きです。
これからもこの作品が
ずっと愛されますように。

水崎ツバメ役
山下美月

KEEP OUT KEEP OUT
KEEP OUT KEEP OUT KEEP

MOVIE POSTER

KEEP YOUR HANDS OFF EIZOUKEN!
映像研には手を出すな!
MIDORI ASAKUSA as
齋藤飛鳥
TSUBAME MIZUSAKI as
山下美月
SAYAKA KANAMORI as
梅澤美波
小西桜子　グレイス・エマ　福本莉子　松﨑亮
鈴之助　出合正幸／髙嶋政宏
原作：大童澄瞳「映像研には手を出すな！」（小学館「月刊！スピリッツ」連載中）
脚本・監督：英勉
eizouken-saikyo.com
@eizouken_saikyo
TV
MBS 4.5 SUN
毎週㊐曜 24:50（全6話）
TBS 4.7 TUE
毎週㊋曜 25:28（全6話）
MOVIE
5.15 FRI
ROADSHOW

TV POSTER

CREDIT

映像研には手を出すな!
～手を出した人専用オフィシャルブック～

原作　大童澄瞳
月刊！スピリッツ『映像研には手を出すな！』

責任編集　坪内 崇
漫画担当編集　千代田修平
企画・構成　西 菜摘
デザイン　soda design
取材協力　乃木坂46 合同会社
株式会社東宝
株式会社東北新社
Queen-B
株式会社ALPHA AGENCY
WARNER MUSIC JAPAN
雨宮礼子
株式会社 JUNES
東宝芸能株式会社
研音
制作　島崎まりん
資材　尾崎弘樹
販売　佐々木俊典
宣伝　阿部慶輔
企画協力　秋元康事務所 Y&N Brothers

2020年9月23日　初版第1刷発行

発行者　村山 広
発行所　株式会社小学館
〒101-8001
東京都千代田区一ツ橋2-3-1
03-3230-5505(編集)
03-5281-3555(販売)
印刷　凸版印刷株式会社
製本　株式会社若林製本工場

ISBN978-4-09-682341-5